Karin Rabausch/Uta Krampitz **Bäder – Handbuch zur Badezimmerplanung**

Bäder

Handbuch zur Badezimmerplanung

4., überarbeitete und erweiterte Auflage
mit 396 Abbildungen

Prof. em. Karin Rabausch
Innenarchitektin
ehemalige Professorin an der Fachhochschule Rosenheim,
Fachgebiet Innenarchitektur

Dipl.-Ing. Uta Krampitz
freischaffende Architektin

unter Mitarbeit von
Alexandra Volz-Grätz
Dipl.-Ing. FH/Innenarchitektur,
Szenografie HFF

Rudolf Müller

Bibliografische Informationen der Deutschen Bibliothek
Die Deutsche Nationalbibliothek verzeichnet diese Publikation in der Deutschen Nationalbibliografie; detaillierte bibliografische Daten sind im Internet über http://dnb.ddb.de abrufbar.

4., überarbeitete und erweiterte Auflage 2009

Maßgebend für das Anwenden von Normen ist deren Fassung mit dem neuesten Ausgabedatum, die bei der Beuth Verlag GmbH, Burggrafenstraße 6, 10787 Berlin, erhältlich ist. Maßgebend für das Anwenden von Regelwerken, Richtlinien, Merkblättern, Hinweisen, Verordnungen usw. ist deren Fassung mit dem neuesten Ausgabedatum, die bei der jeweiligen herausgebenden Institution erhältlich ist. Zitate aus Normen, Merkblättern usw. wurden, unabhängig von ihrem Ausgabedatum, in neuer deutscher Rechtschreibung abgedruckt.

Das vorliegende Werk wurde mit größter Sorgfalt erstellt. Verlag und Autorinnen können dennoch für die inhaltliche und technische Fehlerfreiheit, Aktualität und Vollständigkeit des Werkes keine Haftung übernehmen.

Wir freuen uns, Ihre Meinung über dieses Fachbuch zu erfahren. Bitte teilen Sie uns Ihre Anregungen, Hinweise oder Fragen per E-Mail: fachmedien.architektur@rudolf-mueller.de oder Telefax: 0221 5497-6141 mit.

Umschlaggestaltung: Designbüro Lörzer, Köln
Satz: KOMBO MedienDesign, Rainer Geyer, Siegburg
Umschlagfoto: Architekt Prof. Markus Frank, Eggstätt;
Fotografin Christine Schaum, München
Druck und Bindearbeiten: Offizin Andersen Nexö Leipzig GmbH, Zwenkau
Printed in Germany

ISBN 978-3-481-02513-7

Was will dieses Buch?

Als wir vor einigen Jahren daran gingen ein Buch über Bäder zu schreiben, kam sofort die Frage: »Gibt es davon nicht schon genug?«

Es gab einige Bücher über Bäder, die sich hauptsächlich mit der Geschichte des Badens befassten oder wunderbare Fotos von Luxusbädern aus aller Welt zeigten.

Heute gibt es eine Reihe von Büchern – von uns durchaus geschätzt –, die sich mit der Planung und Ausführung von Bädern befassen. Und jeden Monat kommt eine neue Zeitschrift über dieses Thema an den Kiosk.

Unsere Absicht ist es nicht, nur Luxusbäder und wahllos neue Sanitärelemente zu zeigen, sondern wir möchten unsere langjährige Erfahrung als Planer im Innenausbau weitergeben. Wir haben eine große Anzahl von Bädern projektiert. Nicht alle wurden ausgeführt, weil den Auftraggeber manchmal der Mut verlässt, wenn er sieht, was an Kosten oder baulichen Veränderungen auf ihn zukommt. Oft haben die Bauherren bestimmte Wünsche in Bezug auf die Funktion und nur vage Vorstellungen über das Aussehen. Andererseits kommt es oft vor, dass die Bauherren mit dem Bild eines Luxusbades, Typ italienischer Palazzo mit Blick aufs Meer, erscheinen und diese Pracht in ihre 4 m^2 große Nasszelle übertragen wollen.

Meist handelt es sich bei den Projekten um den Umbau schon vorhandener Bäder, oft im Zuge kompletter Altbausanierungen. Aber auch Bäder aus den Aufbaujahren nach dem Krieg entsprechen heute nicht mehr den gestiegenen Anforderungen an Technik und Komfort. Auch bringt die Sanitärindustrie in Zusammenarbeit mit hervorragenden Designern immer neue Produkte auf den Markt, die das noch gut funktionierende Badezimmer alt aussehen und den Wunsch nach Neuem entstehen lassen.

Wir haben all diese unterschiedlichen Aufgaben systematisch verarbeitet und ein Hand- und Arbeitsbuch verfasst, das dem Fachmann erlaubt, Schritt für Schritt anhand von Beispielen, der Auflistung technischer Möglichkeiten und der Angebote auf dem Sanitärmarkt ein Bad zu gestalten. Auch dem Laien und Bauherrn vermittelt es einen guten Überblick, der – so hoffen wir – die Entscheidungen erleichtert.

Erfahrungsgemäß sind es die Zeichnungen und Bildbeispiele, die die Leser in erster Linie interessieren. Auf ihre Anschaulichkeit und Aussagekraft haben wir besonderen Wert gelegt. Ergänzt werden sie von kurzen prägnanten Texten.

Natürlich zeigen wir auch eine Reihe von Luxusbädern. Unser wichtigstes Anliegen ist es aber, bei der Gestaltung von Standardbädern zu helfen. Als moderne Architekten lieben wir natürlich zeitgemäße Formgebung und Materialien. Doch auch für den traditionellen Geschmack wird genügend Anregung geboten.

Neue Bäder kosten viel Geld. Gute Planung und das Wissen um die vielfältigen Angebote und Möglichkeiten sind unbedingte Voraussetzung dafür, dass am Ende das Ergebnis den Erwartungen entspricht. Dazu wollen wir beitragen.

Die große Resonanz auf unser Buch veranlasst uns, für die vierte Auflage eine Überarbeitung anzubieten, die der Entwicklung auf dem Markt Rechnung trägt.

München, im November 2008

Prof. em. Karin Rabausch
Dipl.-Ing. Uta Krampitz

Bäder – Traum und Wirklichkeit

Wohnraum ist teuer geworden. Wohl dem der schon seine eigenen 4 Wände besitzt.

Zuerst waren die Küchen an der Reihe. Küchenläden schossen wie Pilze aus der Erde. Dann kam die Welle der Designer-Möbel. Man fand plötzlich Spaß an ausgefallenen bunten, schrägen Sachen.

Nun geht es an die Erneuerung des letzten Zeugen alter Zeiten, das Bad. Der Aufwand für den Umbau hängt davon ab, ob man nur die Sanitärgegenstände und Wandverkleidungen erneuert oder ob man auch die Möblierung des Bades verändert oder sogar Umbauten vornimmt. Der letztere Fall bedeutet, dass eine komplette Neuplanung nötig wird.

Die Planung beginnt mit der Frage, welche Personen das Bad benutzen sollen. Will und kann man Badewanne und separate Dusche einbauen, ist ein zusätzliches WC vorhanden, wie viel Stauraum wird benötigt, muss auf Kinder Rücksicht genommen werden? Die baulichen Voraussetzungen, d. h. der vorhandene Platz, müssen mit den Anforderungen der Benutzer in Einklang gebracht werden.

Ein wichtiges Thema in unserer immer älter werdenden Gesellschaft war das barrierefreie Bad. Nahe am Rentenalter wird oft auch an eine Badrenovierung gedacht. Natürlich ist man zu diesem Zeitpunkt noch gesund und fühlt sich jung, doch der Gedanke liegt nahe, jetzt schon eine schwellenlose große Dusche mit allem Komfort statt einer Wanne zu planen, denn die Kosten eines Badumbaus sind hoch.

Und wie soll das Bad aussehen? Fliesen (weiß oder farbig), Naturstein (ist ja so empfindlich), klassisch eingerichtet (hat doch jeder) oder schräg (sieht man sich schnell über), Halogenleuchten (brauchen zu viel Strom), Spiegel (muss man dauernd putzen), Messing oder Chrom, warm oder kühl, schlicht oder üppig?

Wie bei der neuen Küche muss der Umbau sorgfältig geplant werden, der aber bei der Ausführung entschieden härtere Konsequenzen hat. Die Einrichtung einer Baustelle in der Wohnung ist unvermeidlich. Fliesen werden abgeschlagen, Mauern eingerissen, alte Wannen und Becken ausgebaut, Installationsleitungen neu verlegt, der Schutt muss entsorgt, neue Wände müssen eingezogen und alte Flächen verputzt und verspachtelt werden. Wenn dann der Fliesenleger mit seinem feuchten Gewerbe beginnt, ist das Schlimmste für die Badbesitzer fast vorüber – kann man doch mit jedem Quadratmeter Fliesen das neue Gesicht des Raumes erkennen. Aber inzwischen hat die Badewanne einen dicken Kratzer, und keiner ist es gewesen. Die Anschlüsse für die neuen Armaturen passen nicht und müssen neu bestellt werden. Die Fertigstellung zieht sich hin, und bis das erste Vollbad lockt, sind die Nerven der Bauherren zum Zerreißen gespannt. Wenn aber der letzte Handwerker das Haus endgültig verlassen hat, ist der ganze Ärger vergessen, und der Spaß am Bad ist ungetrübt.

Unser Buch soll zum Gelingen der Badezimmerplanung beitragen. Wir haben es in 3 Teile aufgeteilt:

Im ersten und umfangreichsten Kapitel zeigen wir Beispiele der verschiedensten, auch barrierefreien Bäder – real ausgeführte, im Atelier aufgebaute oder auch nur auf dem Papier geplante. Es ist möglich, sich auf den ersten Blick für den Stil eines bestimmten Bades zu entscheiden. Jeder Planung liegen sämtliche Faktoren für eine perfekte Ausführbarkeit zugrunde. Alle verwendeten Gegenstände und Materialien werden auf dem Markt angeboten.

Die unterschiedlichen Gestaltungsmöglichkeiten sind systematisch auf verschiedene Grundriss-Größen und -Formate verteilt: Prototypen, denen wir bei unseren Planungen oft begegnet sind. Natürlich verändern sich die Voraussetzungen von Fall zu Fall im Detail – durch Mauervorsprünge, Nischen, Fenster oder Türen. Diese architektonischen Vorgaben müssen bei der Planung berücksichtigt werden.

Wir bieten in diesem Werk Lösungen für jeden Geschmack. Wie man auch in der Praxis auf die besonderen Wünsche und Vorlieben der Auftraggeber Rücksicht nehmen muss, lassen wir hier die unterschiedlichsten Stile nebeneinander gelten. Immer muss aber der Charakter einer Einrichtung durchgängig gewahrt werden. Das Zusammenspiel von Form, Farbe und Material muss stimmen.

Die Beispiele zeigen meist Bäder, deren eine ausführliche Planung zugrunde liegt. Das bedeutet, dass Materialien verwendet werden, die sorgfältig aufeinander abgestimmt sind. Sanitärgegenstände werden nicht wahllos an die Wand gestellt, wo gerade der Anschluss passt, sondern die Räume sollen nach Form, Größe und Lichtverhältnissen abgestimmt eingerichtet werden.

Ein total eingefliestes Bad hält natürlich allem stand. Wenn wir aber Wert auf wohnliche Atmosphäre legen, muss die Vernunft manchmal zurückstehen. Denken wir an die Bäder in den USA. Dort sind nur die nötigsten Flächen wasserfest verkleidet, der Rest wird mit Tapete beklebt. Das Ergebnis sind anheimelnde Boudoirs. Die Duschwand ist dem Zugriff des Wassers am meisten ausgesetzt. Auch wenn im übrigen Bad anderes Material verwendet wird, kann die Dusche unauffällig verfliest werden ohne den Gesamteindruck zu stören: Fliesen im gleichen Farbton mit ebensolchen schmalen Fugen, matt oder glänzend oder farblich passender Naturstein machen es möglich.

Stauraum im Bad ist unerlässlich. Bei einigen Beispielen wurde darauf zugunsten der eleganten Lösung verzichtet. Es ist aber immer möglich, durch zusätzliche Einbauten oder frei aufgestellte Container-Schränke Platz zu schaffen.

Ein weiteres Problem ist die Unterbringung der Waschmaschine. Bei einigen Entwürfen ist darauf speziell Rücksicht genommen worden. In vielen anderen Fällen kann statt eines Schranks die Waschmaschine in den Unterbau unter der Waschtischplatte integriert werden.

In fast allen Bädern sind die Sanitärgegenstände weiß. Das wirkt appetitlich und lässt die Spuren von kalkhaltigem Wasser nicht sichtbar werden. Eine Ausnahme machen in unserem Fall Becken aus Edelstahl oder Glas, die zwar nicht pflegeleicht sind, aber unseren ästhetischen Ansprüchen entgegenkommen.

Armaturen und Accessoires sind vorzugsweise silberfarben – Chrom oder Nickel. Ausnahmen bestätigen die Regel!

Der Traum vom neuen Bad geht heute oft mit dem Modewort »Wellness« einher. In den Luxusbädern wird sich wohl automatisch eine Wohlfühl-Atmosphäre einstellen. Wir meinen aber auch in den mittelgroßen und ganz kleinen, den normalen Bädern, durch Farben, Licht und geschickte Möblierung gezeigt zu haben, dass auch hier eine Wellnessoase entstehen kann.

Hat man sich im ersten Teil für den Stil eines Bades entschieden, muss dieser auf das eigene Projekt übertragen werden. Wir zeigen im zweiten Teil, wie viel Platz der Mensch im Bad braucht, speziell unter Dachschrägen, und mit welchen baulichen Maßnahmen sich Wanne oder WC versetzen lassen. In diesem Teil des Buches werden auch Planungshilfen für barrierefreie Bäder aufgezeigt. Wie lassen sich Bäder beheizen und was muss man bei der Beleuchtung berücksichtigen? Welches sind die gebräuchlichsten Oberflächen und deren Vor- und Nachteile?

Im dritten Teil machen wir einen Streifzug durch die Angebote der Sanitärindustrie: Wannen, Duschen, Waschbecken, WCs mit den zugehörigen Armaturen. Wir haben die gängigsten Modelle im Maßstab 1:50 in ein Quadrat von 2 m × 2 m eingezeichnet, so ist ein Größenvergleich möglich und der Platzbedarf kann leicht abgelesen werden.

Wir erheben keinen Anspruch auf Vollständigkeit. Eine ausführliche Beratung im Fachgeschäft ist grundsätzlich zu empfehlen. Im Einzelfall muss jedes Bad exakt geplant werden. Und – nicht vergessen – moderne, ungewöhnlich geformte Badewannen muss man Probe liegen, möglichst mit Wasser!

I
Design

Auf den folgenden Seiten zeigen wir Bäder der verschiedensten Größen und Typen, vom kleinsten Duschbad bis zum Luxus-Badetempel. Wir sind dabei systematisch vorgegangen:

- kleine Bäder von ca. 4 m^2 mit 3 Prototypen, zu denen jeweils Varianten vorgestellt werden,
- Duschbäder,
- Altbaubäder mit schlauchartigen Grundrissen,
- mittelgroße Bäder von ca. 7 bis 8 m^2 mit Wanne und Dusche, 3 Prototypen mit Varianten,
- Bäder unter Dachschrägen,
- Luxusbäder und Wellness,
- Umbauten, Kombination verschiedener Räume;
- barrierefreie Bäder sind in allen Kapiteln berücksichtigt.

1
Kleine Bäder

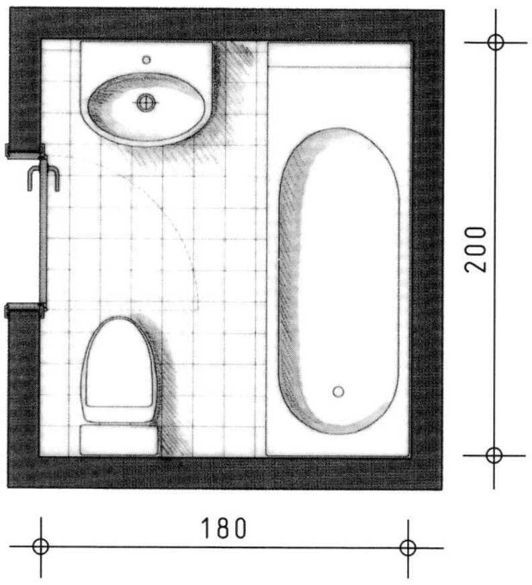

Prototyp 1

Standardbad 3,6 m²

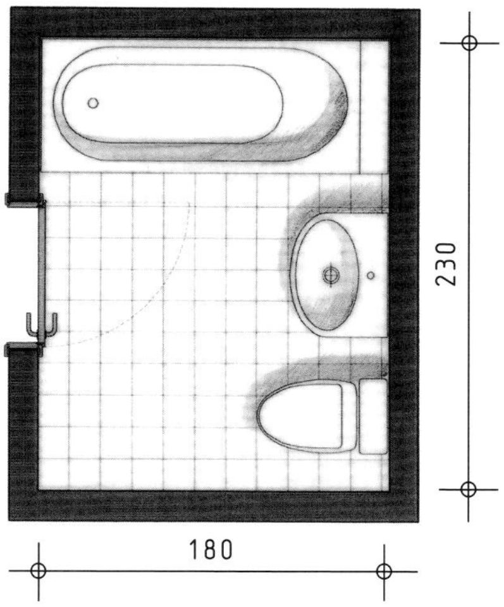

Prototyp 2

Standardbad 4,1 m²

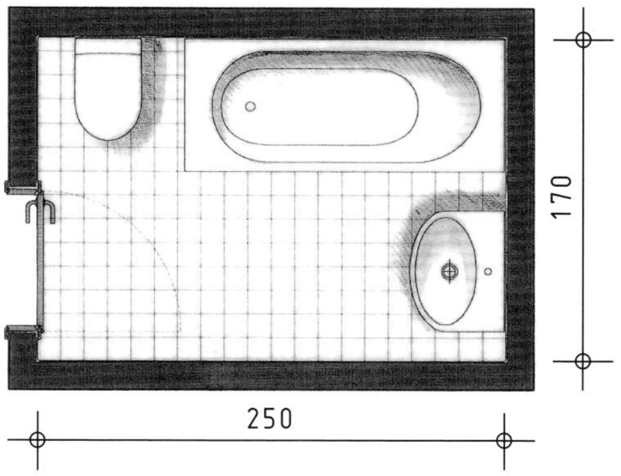

Prototyp 3

Standardbad 4,3 m²

Standardgrundrisse

Der Traum vom Bad heißt für die meisten Deutschen, das sind nach Untersuchungen 80 % der Bevölkerung, eine Nasszelle von ca. 4 m².

Im Wohnungsbau der letzten 45 Jahre finden wir sehr viele genormte Badgrundrisse, also eine immer wiederkehrende Anordnung von Wanne, WC und Waschbecken.

Wir haben uns 3 der typischsten Bäder vorgenommen und versucht, für diese kleinen Räume alternative und originellere Lösungen zu finden. Wir zeigen in unseren gezeichneten Entwürfen, wie unterschiedlich man ein und denselben Grundriss möblieren kann.

Kleines Bad in Holz

Prototyp 1, Version A 3,6 m²

In diesem Badezimmer wurden die Sanitärgegenstände nicht versetzt.

Bei der Renovierung wurden Wanne, Waschbecken und WC nur gegen moderne Modelle ausgetauscht und die Wände in eine edle Holzvertäfelung gehüllt.

Sie besteht aus mit Buche furnierten Sperrholzplatten, die in verschiedenen Tönen lasiert sind und in einem plastisch wirkenden Muster verlegt wurden. Einen besonderen Akzent setzt das breite Gesims als Abschluss zur Decke.

Zu dem warmen Holzton harmonieren kühle hellblaue Bodenfliesen.

Die Badewanne wurde in eine Ecke geschoben, so gewann man an der Seite des Waschbeckens Platz für ein Regal.

Besonders praktisch ist die verschiebbare Brücke auf der Badewanne.

Es entstand eine sehr wohnliche Atmosphäre, die dem Benutzer allerdings eine gewisse Rücksicht auf die nicht ganz unempfindliche Holzvertäfelung abverlangt.

3,6 m²

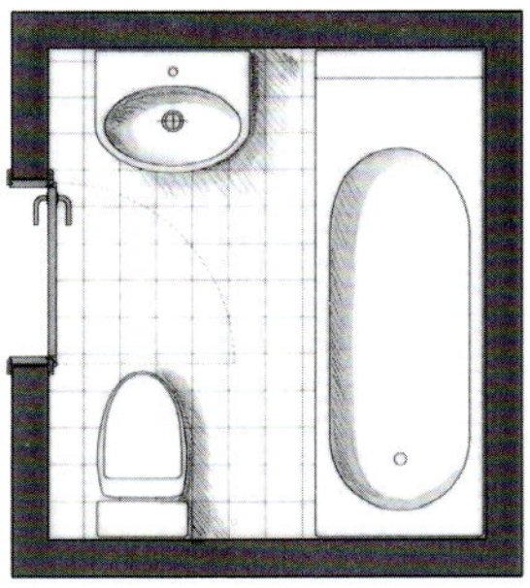

Grundriss vor dem Umbau

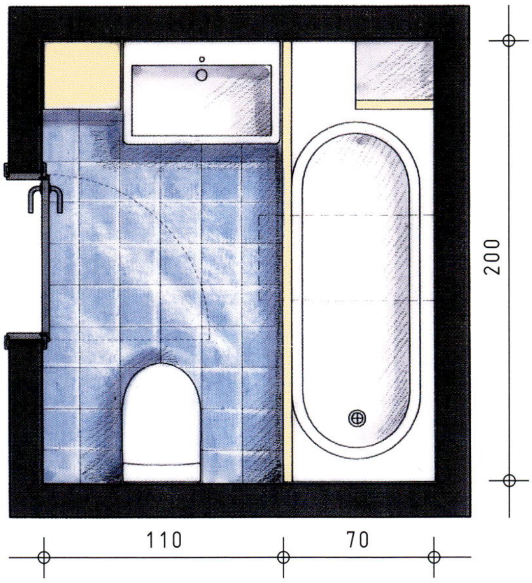

Grundriss nach dem Umbau

Kleinstbad in Luxusausstattung

Nischen schaffen Raum

3,6 m²

Prototyp 1, Version B 3,6 m²

Durch das brüstungshohe Abmauern der Badewanne sind 2 Nischen entstanden, in die das WC und das Waschbecken gerückt wurden. Das Versetzen des WCs ist nur möglich, wenn das Fallrohr von vornherein in der Wand verlegt war.

Die zwischen Stangen gespannten Glaswände auf den Brüstungen bieten Spritzschutz. Zur Seite des Waschbeckens und WCs gibt es schwarz lackierte Regale als zusätzlicher Stauraum.

Die Wanne wurde aus der Mitte gerückt, um eine größere Duschfläche zu haben. Der WC-Sanitärblock ist ein Ecksondermodell, ebenso das weiße Keramikwaschbecken.

Als Ablage dient die zwischen Fußboden und Decke eingespannte Stange für Handtücher, an die außerdem schwenkbare Tabletts geschraubt werden können.

Glasmosaik in verschiedenen Gelbtönen wird durch schwarze Streifen akzentuiert. Der dunkle Boden gibt dem Bad Halt.

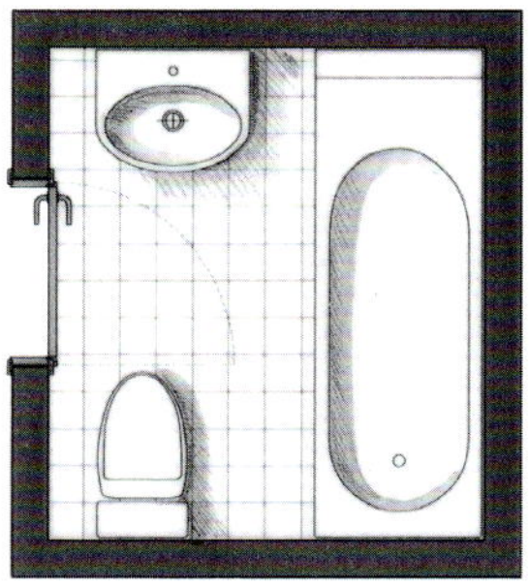

Grundriss vor dem Umbau

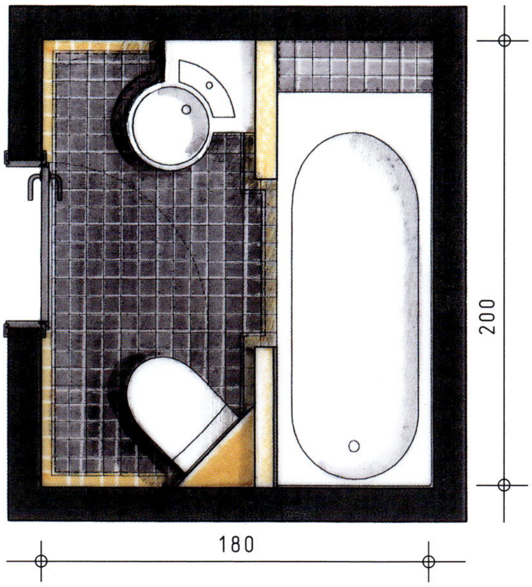

Grundriss nach dem Umbau

Bad in orange gesprenkeltem Mosaik

Schlichte Eleganz in Helldunkel

Prototyp 1, Version C 3,6 m²

Ein Bad, in dem besonders viel Wert auf Stauraum gelegt wird.

Die Lage von Wanne und WC wurde ausgetauscht.

Das Verziehen des WC-Rohres war möglich durch den Freiraum unter der Wanne und den längsseits laufenden WC-Sanitärblock.

Über der Vormauerung sind 3 Regale in die Wand eingelassen.

Zusätzlichen Stauraum bietet das Waschtischmöbel.

Die rostrote Wand steht in angenehmen Kontrast zu den cremefarbigen Fliesen am Boden und hinter der Badewanne. Durch das warme Farbspiel wirkt das Bad sehr wohnlich.

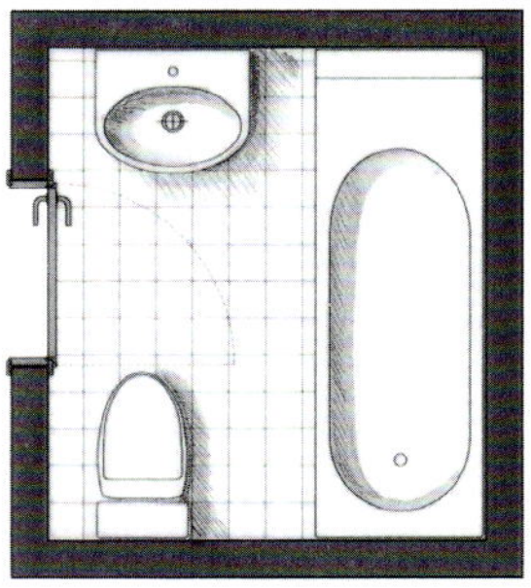

Grundriss vor dem Umbau

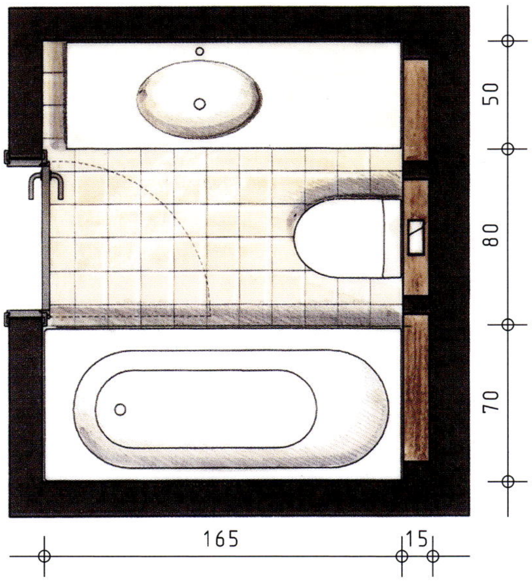

Grundriss nach dem Umbau

Kontrast durch dunkles Holz

Eckbadewanne auf kleinstem Raum

Prototyp 1, Version D 3,6 m²

Die sehr beliebte Eckbadewanne kann selbst in ein solch kleines Bad eingebaut werden, da es Modelle mit besonders kurzer Schenkellänge gibt. An die Seiten der Wanne können Waschtisch und zusätzliche Schränke angebaut werden. Eine Glasabtrennung mit fest stehenden und beweglichen Flügeln ermöglicht unbeschwertes Duschen.

Der vorgeschlagene Standort für das WC ist ideal; das WC könnte aber bei Umbauschwierigkeiten in der alten Position belassen werden.

Graue und beige Marmorfliesen bilden horizontale Streifen. Die Ablageflächen sind aus hellem Holz. Im Boden wird das Grau der Wand aufgenommen.

3,6 m²

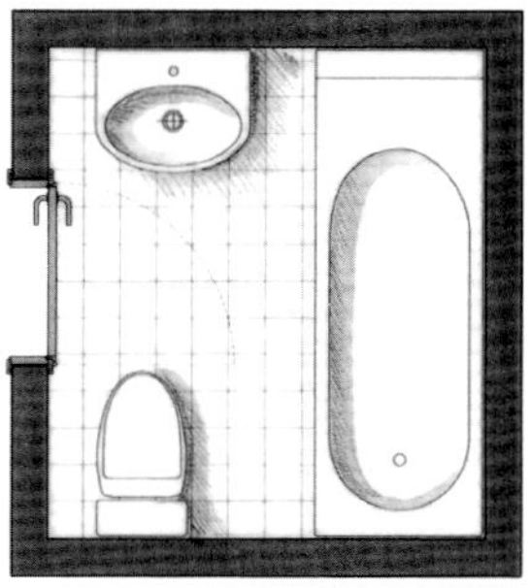

Grundriss vor dem Umbau

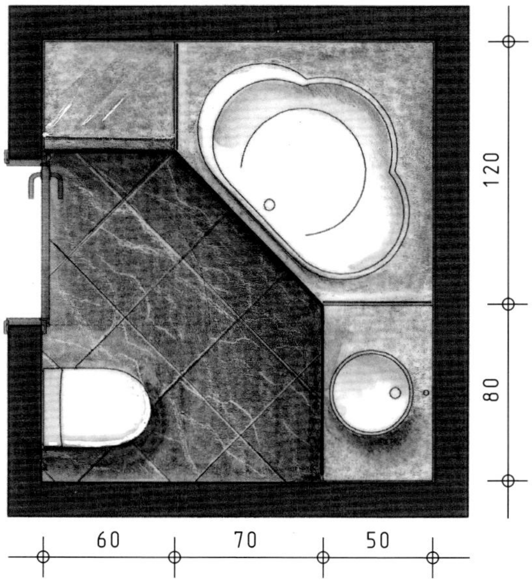

Grundriss nach dem Umbau

Hohe Ästhetik durch verschiedene Grautöne in Marmor

Ein kleines Bad, geometrisch gestaltet

Prototyp 2, Version A 4,1 m²

Bei dieser Lösung sind keine Umbauten der Sanitärgegenstände vorgenommen worden.

Das Waschbecken bekam eine Vormauerung von 15 cm, die als schmale Spiegelumrandung nach oben weitergeführt wurde.

Eine Ablage aus schwarzem Granit läuft über die gesamte Breite der Wand.

Grünes Glasmosaik wird nach oben durch ein farblich abweichendes Band in Schwarz und strahlendem Blau begrenzt. Neben dem WC ist die Wand in ganzer Breite verspiegelt. Der schwarz-weiß karierte Fußboden unterstreicht die klare geometrische Gestaltung des Raumes.

4,1 m²

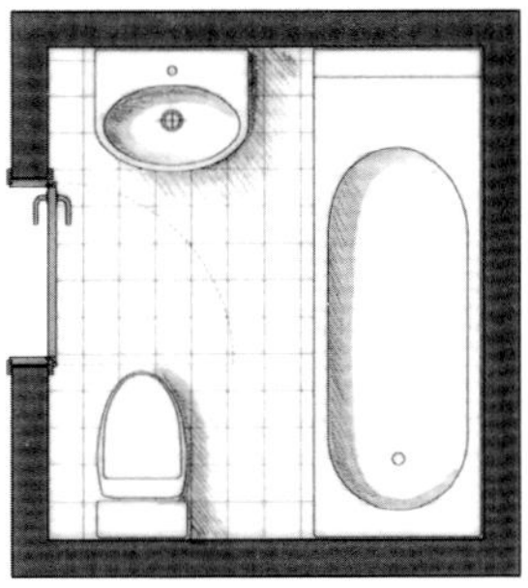

Grundriss vor dem Umbau

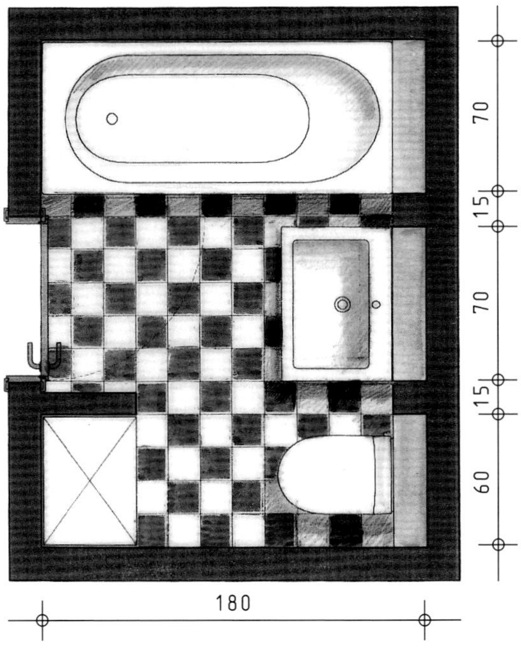

Grundriss nach dem Umbau

Durchlaufende Ablagen und Bordüren gliedern die Wände.

Mediterranes Flair durch Cottofliesen

Prototyp 2, Version B 4,1 m²

Durch Badewanne, Einbauten und Bodenfliesen erhält der Raum eine diagonale Ausrichtung.

Die Wände in der Wanne sind cremefarben mit weißen Bordüren verfließt. Um mehr Durchlässigkeit zu bekommen, ist in die rechte Wannenabmauerung Glas gesetzt.

Der Einbauschrank mit kassettierten Türen und das schwere Kranzgesims geben dem Bad eine klassische Note. Die Cottofliesen am Boden und die gleichfarbig gestrichene Decke machen das Bad wohltuend warm, eine mediterrane Atmosphäre.

4,1 m²

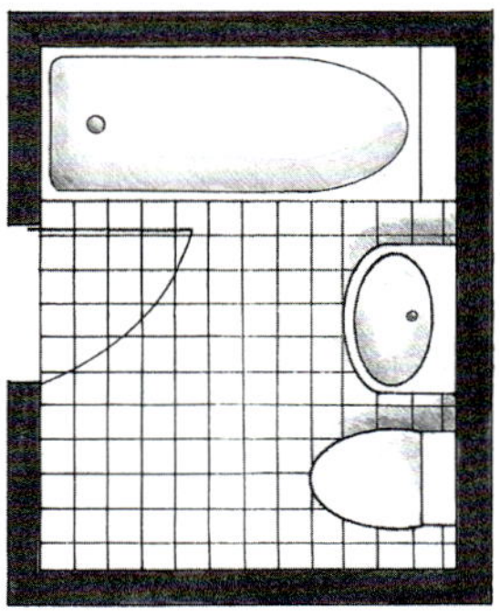

Grundriss vor dem Umbau

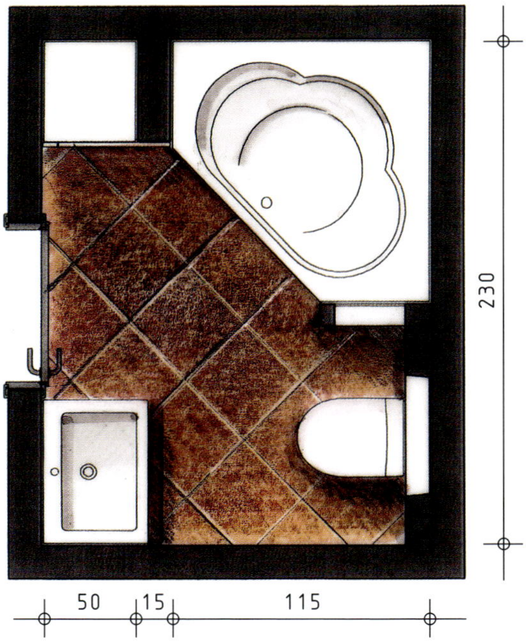

Grundriss nach dem Umbau

Klassizistisches Bad auf kleinstem Grundriss – Cottofliesen und profilierte Schränke schaffen eine warme Atmosphäre.

Nostalgischer Charme durch Farben und Materialien

Prototyp 2, Version C 4,1 m²

4,1 m²

Auch auf 4,1 m² lässt sich ein großbürgerliches Ambiente zaubern.

Der helle Boden aus Steinzeugplatten, der Sockel aus schwarzem Marmor oder großformatigen Fliesen und die beige-schwarz gestreiften Wände lassen eher an hochherrschaftliche Villen als an ein Bad in Normgröße denken.

Gezaubert wurde hier mit Farben und Materialien. Die Tapete, für uns etwas ungewöhnlich im Bad, ist hinter der Wanne durch Glasmosaik im gleichen Muster und in gleichen Farben ersetzt.

Der schwarz lackierte Waschtisch-Unterbau bildet mit dem Sockel eine Einheit.

Durch einen Spiegel in verspieltem Rahmen, schwenkbare Leuchten mit Schirm, Stuckleisten und Bildern an den Wänden wird man an ein intimes Boudoir statt an eine Nasszelle erinnert.

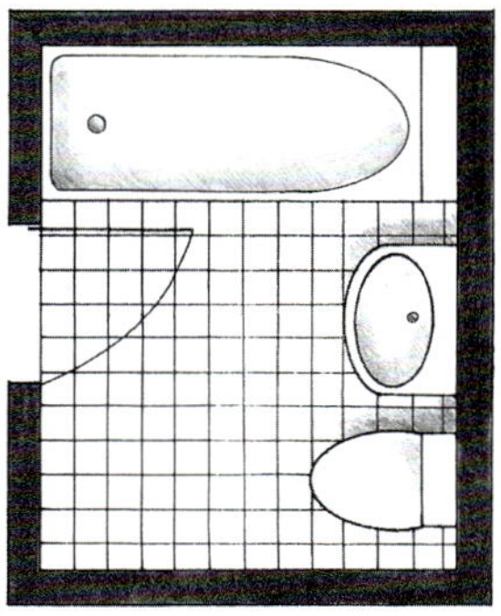

Grundriss vor dem Umbau

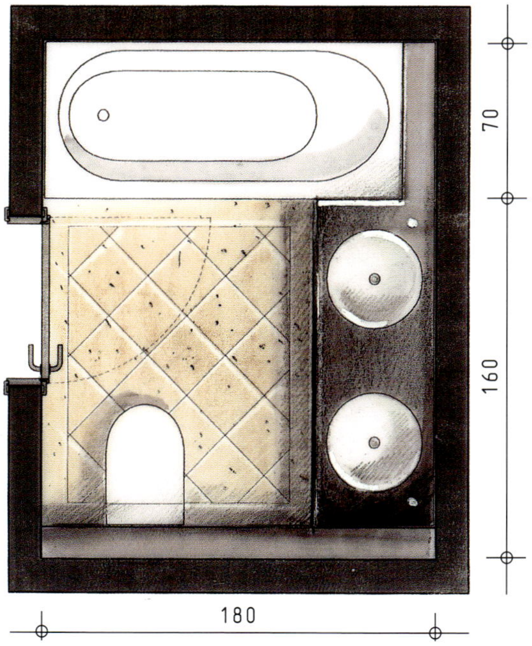

Grundriss nach dem Umbau

Großbürgerliche Nostalgie – ein Bad mit dem Charme eines Boudoirs

Kompakt und transparent

Prototyp 2, Version D 4,1 m²

Wanne und Dusche in einem. Durch Entwicklungen neuer Objekte im Sanitärbereich gibt es heute diese intelligente Lösung für kleine Bäder.

Die Ausbuchtung der Wanne nimmt dem Bad nicht viel Platz. Sie können bequem duschen, das Bad wirkt transparent, trotz des halbrunden Glasschutzes.

Die waagerechten Streifen in mutigen Farben geben dem kleinen Bad Weite. Durch Mosaik, in Glas oder Keramik, lässt sich eine solch expressive Gestaltung leicht lösen.

Der schwarze Boden und die weiß gehaltenen Flächen an Wanne und Waschtisch beruhigen das Farbspiel.

4,1 m²

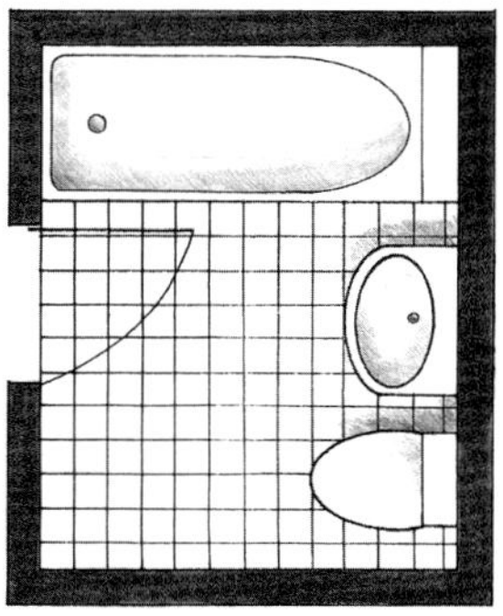

Grundriss vor dem Umbau

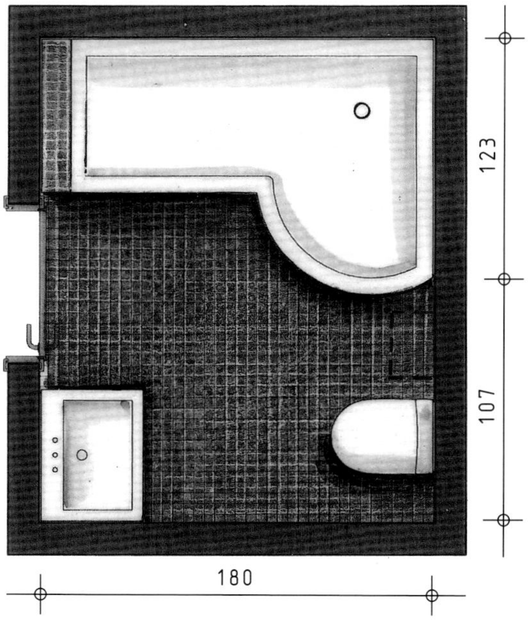

Grundriss nach dem Umbau

Waagerechte Streifen vergrößern das Bad.

Barrierefreies Bad auf 4,1 m²

Prototyp 2, Version E 4,1 m²

Eine Vormauerung ermöglicht es, das WC, wie in Version C, zu versetzen.

Durch genügend Freiraum und Stützgriffe ist es auch für einen Rollstuhlfahrer möglich, das WC zu benutzen.

Die Dusche, ebenerdig zu befahren und vor Spritzwasser geschützt durch einen Vorhang, bietet Platz zum Wenden.

Haltegriffe und eine feste Sitzbank ermöglichen ein selbstständiges Duschen. Der Waschtisch ist unterfahrbar, der Spiegel geht über die ganze Wand, vergrößert optisch das Bad.

Kleinformatige Bodenfliesen garantieren eine höhere Rutschfestigkeit, ihre Vielfarbigkeit macht den Boden zur dominanten Fläche im Raum.

4,1 m²

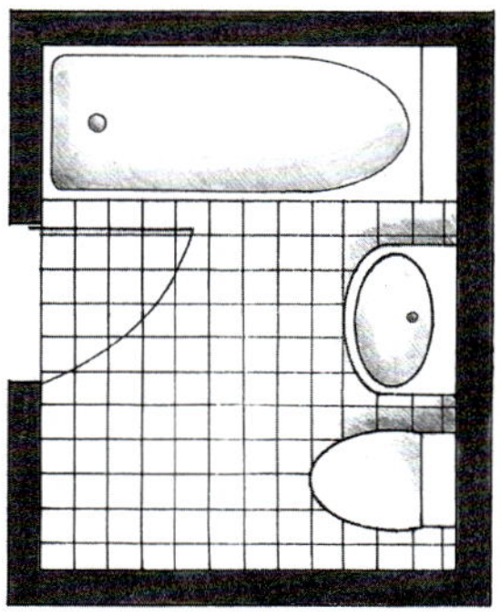

Grundriss vor dem Umbau

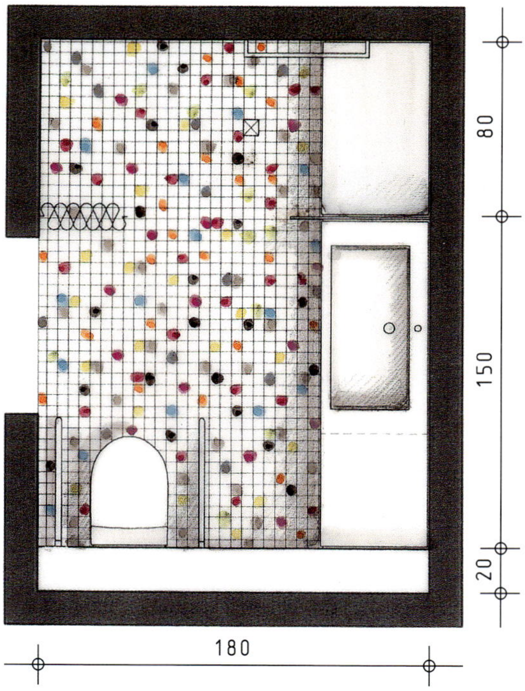

Grundriss nach dem Umbau

Eine fröhliche Atmosphäre durch bunte Bodenfliesen

Eine glänzende Idee – Ein »Waschmobil« aus Edelstahl!

Prototyp 3, Version A 4,3 m²

Das »Waschmobil« aus Edelstahl bietet alle Elemente, die man sich am Waschtisch wünscht: Spiegel, Seifenschalen und Handtuchstangen.

Das Bad wird durch Halogenstrahler beleuchtet, die in die neu abgehängte Decke eingebaut wurden.

Der Platz über dem WC wird durch Hängeschränke aus Spiegel und Edelstahl genutzt.

4,3 m²

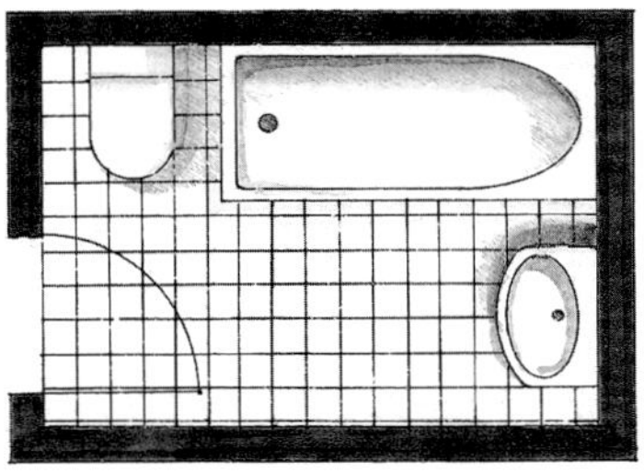

Grundriss vor dem Umbau

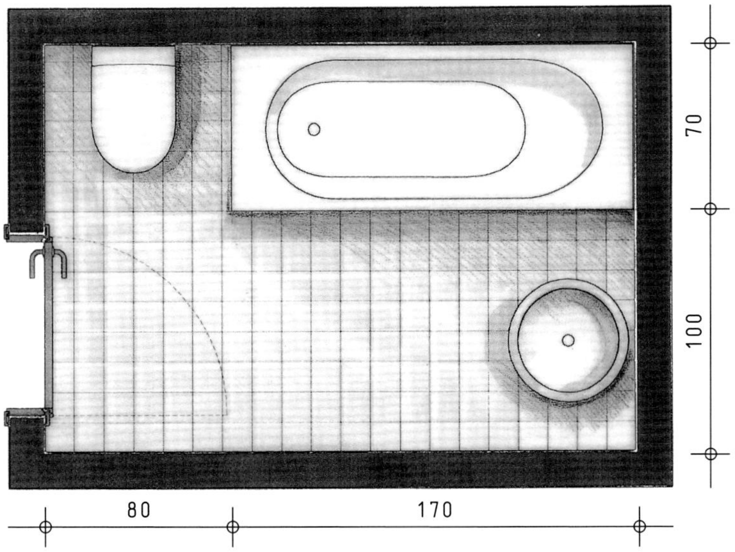

Grundriss nach dem Umbau

Modernes Waschtischelement aus poliertem Edelstahl

Dunkles Holz und ein Lavendelton – eine Stimmung aus der Provence

4,3 m²

Prototyp 3, Version B 4,3 m²

Eine gute Proportion dieses schmalen Raumes erreicht man durch das Umstellen der Wanne.

Eine brüstungshohe Abmauerung hinter dem WC für den Spülkasten und die gläserne Duschwand gliedert den Raum. Die Anschlüsse für das WC können hinter der Badewanne verlegt werden.

Zusätzliche Schiebeelemente auf dem Wannenrand ermöglichen ein sorgenfreies Duschen. Die Wände hinter der Wanne sind durch geätztes Glas vor Nässe geschützt.

Am Boden wurde dunkles Holz verlegt, Teak oder Nussbaum, und durch heiße Wachsversiegelung badtauglich gemacht.

Die Wände hinter den Holzwaschtischen, mit Edelstahl- oder Granitschüsseln, sind lavendelfarbig, die übrigen Wände im Sandsteinton mit Latexfarbe gestrichen.

Dicke Holzrahmen um die Spiegel, Hängeleuchten und die zarte Lavendelfarbe erinnern an die letzten Ferien in der Provence.

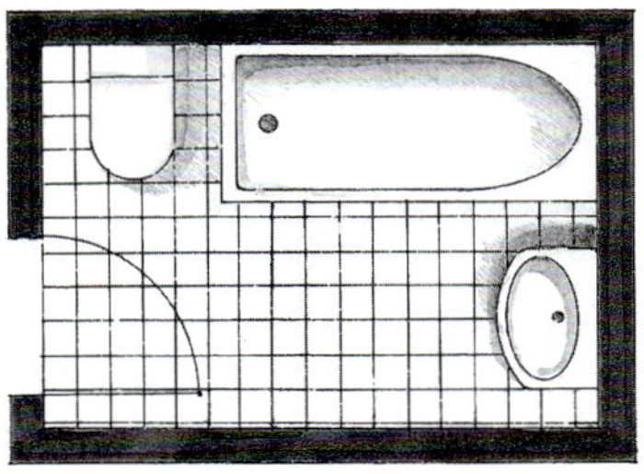

Grundriss vor dem Umbau

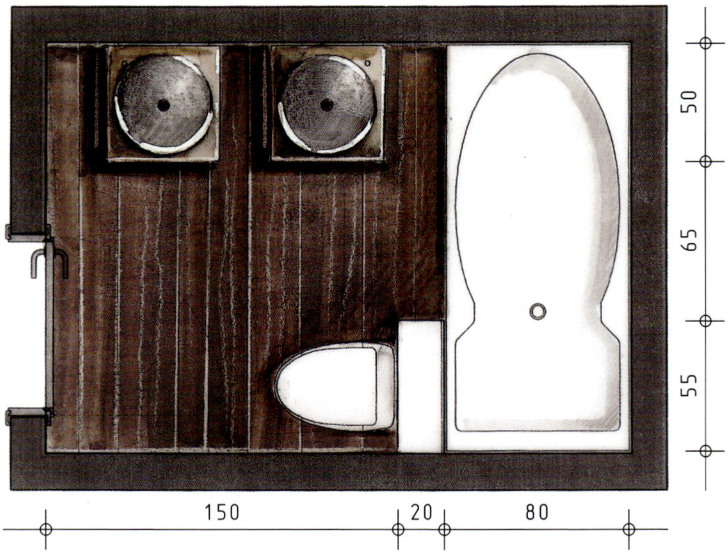

Grundriss nach dem Umbau

Südfranzösische Ferienstimmung

Viel Stauraum im kleinen Bad

Prototyp 3, Version B.1 4,3 m²

Hier ist noch einmal die gleiche Badmöblierung durchgespielt wie in Version B. Statt zweier Einzelwaschbecken läuft hier ein großer Doppelwaschtisch mit einem Becken von der Wand bis an die Wanne.

Unter dem Waschtisch bieten die großen Schubladen viel Stauraum. Der langgestreckte Spiegel und die Leuchte betonen die Längsausrichtung des Bades.

Satinierte Glasplatten auf einer Rollschiene schützen beim Duschen.

Die Wand hinter der Wanne besteht aus lackiertem Glas, der Steinzeugboden korrespondiert mit der Farbe. Alle übrigen Wände sind mit Latexfarbe in einem gebrochenen Weiß gestrichen.

4,3 m²

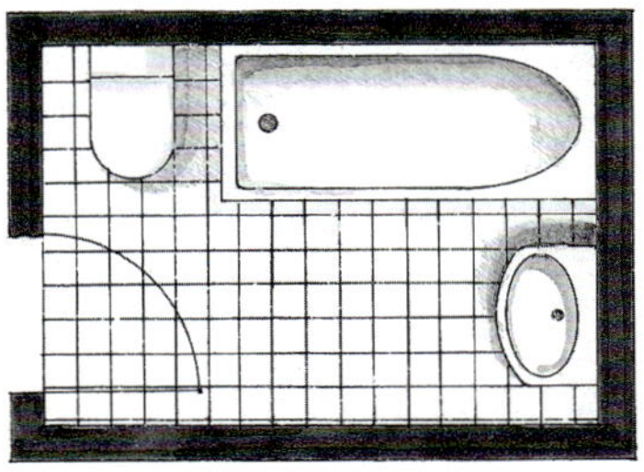

Grundriss vor dem Umbau

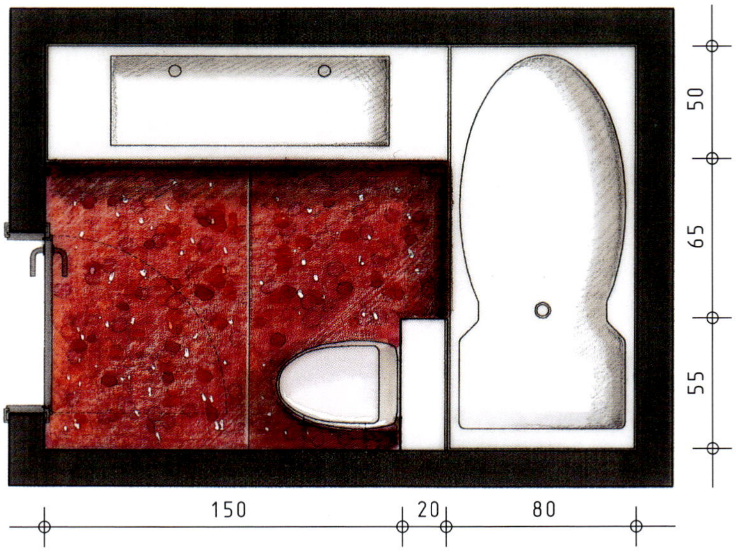

Grundriss nach dem Umbau

Viel Stauraum unter einem großen Waschtrog

Holz und Fliesen dominieren

Prototyp 3, Version C 4,3 m²

Auch in diesem Bad gibt es eine bessere Proportion durch die quer gestellte Wanne. Das WC ist hinter der Wanne und durch die Vormauerung verzogen worden.

Das halb eingebaute Waschbecken wird links und rechts durch raumhohe Schränke begrenzt. Eine Glaswand mit Holzrahmen dient als Spritzschutz.

Helles Holz und das Hellgrau der Fliesen geben eine ruhige Atmosphäre und lassen das Bad groß erscheinen.

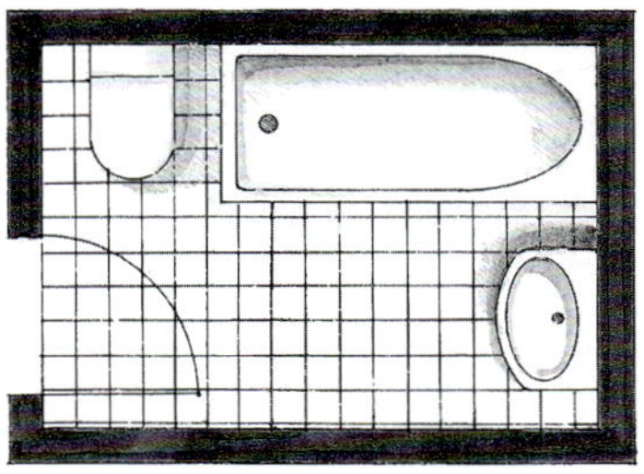

Grundriss vor dem Umbau

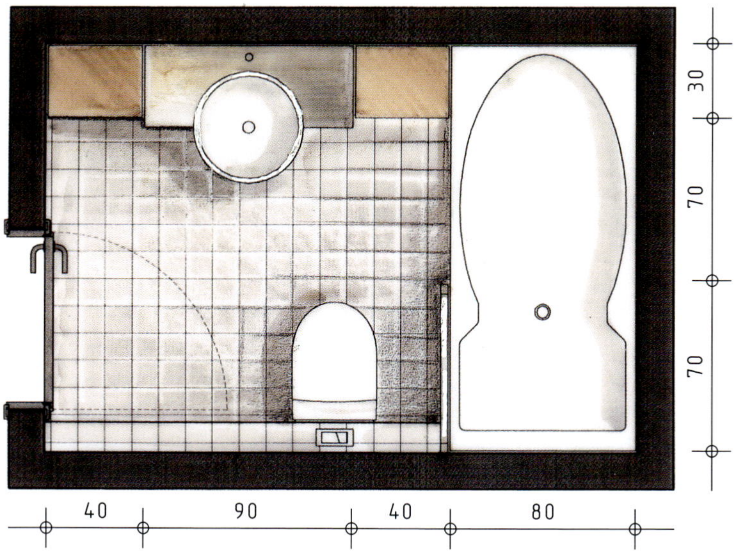

Grundriss nach dem Umbau

Großzügige Holzeinbauten

Individuelle Grundrisse

1 Grundriss: 2 Lösungen

2 Bäder mit 4,3 m²

Beide Bäder haben die gleiche Größe, einziger Unterschied: Die Tür liegt einmal an der Längs-, einmal an der Querseite des Raumes. In beiden Fällen wurde die Wanne an der Schmalseite eingebaut, sodass eine fast quadratische Fläche übrig bleibt.

Beidseitige, symmetrische Abmauerungen bieten Platz für Installationen. In der Mitte erleichtert eine Stufe den Einstieg in die Wanne.

Bei der Möblierung des ersten Bades muss die Tür an der langen Wand nach außen aufgehen, wegen des wandbreiten Waschbeckens mit großer Ablage. Der Vorteil dieser Lösung: großzügiger Waschtisch und der Luxus eines Bidets.

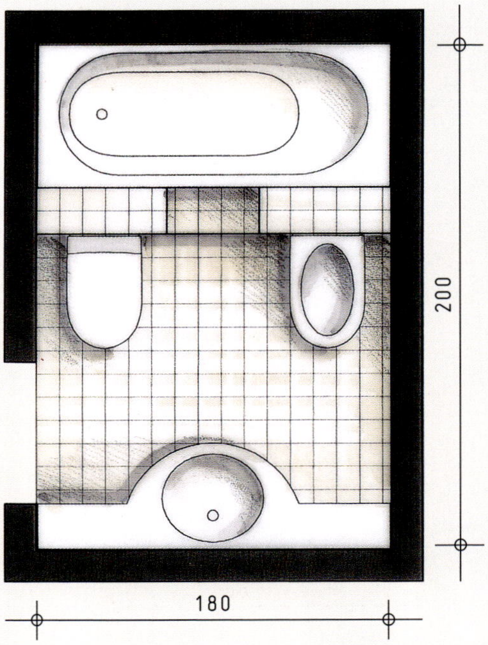

Grundriss zum abgebildeten Bad

Abgemauerte Sanitärblöcke ermöglichen den Luxus von WC und zusätzlichem Bidet.

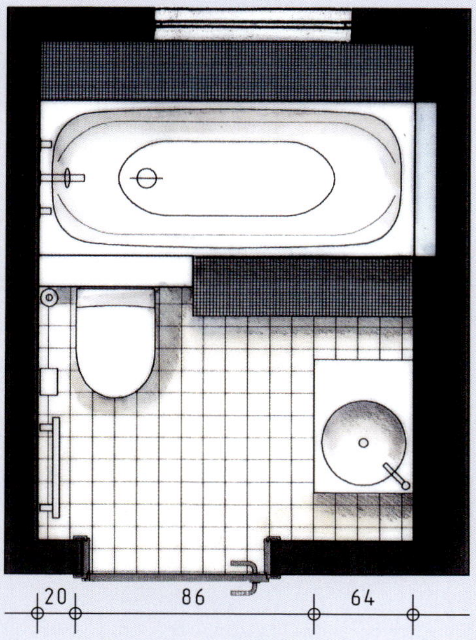

Grundriss zum abgebildeten Bad

Kleiner Raum mit viel Komfort

Der Wunsch nach Wanne und Dusche konnte in diesem kleinen Bad nur verwirklicht werden, indem man die Dusche in die Wanne integriert.

Dazu wurde die Wanne, die vormals längs im Raum stand, quer vor das Fenster gestellt. Die brüstungshohe Vormauerung, die nötig war, um das WC ebenfalls neu anzuordnen, dient nun als Spritzschutz und Installationswand zugleich. Ein kleines Podest, das durch die Änderung der Lage der Sanitärgegenstände entstand, macht den Raum nun zu etwas Besonderem.

Die Kombination von weißen Fliesen und türkisem Glasmosaik wirkt frisch und erinnert an einen Tag am Meer.

Blau macht das Bad weit.

2
Duschbäder

In vielen Wohnungen ist neben dem großen Familienbad noch ein zweiter Sanitärraum vorhanden, häufig so klein, dass er nur als Gästetoilette genutzt wird. Oft besteht jedoch die Möglichkeit, diesen durch nur geringe Umbauten zum Duschbad zu machen.

In anderen Fällen ziehen es die Bewohner vor, ein enges Bad in eine großzügige Dusche zu verwandeln.

Den Mangel an Raum versucht man durch besonders kostbares Material auszugleichen. Lichtführung und Verspiegelungen täuschen Weiträumigkeit vor.

Die Idee vom Duschen im Vorübergehen führt zu dieser wunderbaren minimalistischen Installation.

Ein runder Duschtempel mit transparentem Dach

Bei dieser kleinen Gästetoilette bestand die Möglichkeit, von einem anschließenden Raum eine halbkreisförmige Dusche abzutrennen.

Unterschiedliche Materialien betonen die Eigenständigkeit des Duschraumes. Das Glasmosaik passt sich der Rundung an und betont durch die horizontalen Streifen die Form. Die Lichtdecke unterstreicht den ungewöhnlichen Grundriss.

Schmeichelndes Licht durch die gläserne Decke

Feinste Materialien für das kleine Duschbad

Grundriss zum abgebildeten Bad

Dunkelblaue Punkte beleben das helle Mosaik.

Wie ein Altar wirkt der extravagante Waschtisch in der halbrunden Nische.

Die Abmauerung dient als Spritzschutz für die dahinterliegende Dusche.

Große weiße Marmorplatten stehen in Kontrast zu dem hellblauen Glasmosaik mit unregelmäßigen dunkelblauen Einstreuungen.

Grundriss zum abgebildeten Bad

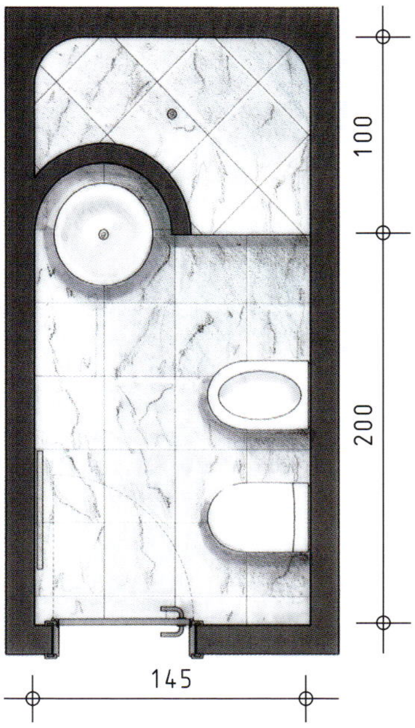

Waschtisch im Halbkreis

3 Duschbäder im Vergleich

In einem Hotel wurden 3 Duschbäder mit gleichem Grundriss in verschiedenen Materialien ausgeführt. Die Dusche in der Ecke ist raumhoch gefliest und von Waschbecken und WC durch Abmauerungen getrennt. Die Glastüren öffnen sich übereck und bieten einen bequemen Einstieg. Der Platz für den Waschtisch ist groß genug für eine individuelle Gestaltung.

Variante 1:
In der Dusche und am Waschtisch bilden weiße quadratische Fliesen den Wandbelag. Die dunklen Eichendielen auf dem Boden harmonieren mit dem Waschtisch und der Umrahmung des raumhohen Spiegels. Der Waschtisch bietet unter dem Becken genügend Stauraum.

Variante 1: weiße Fliesen und dunkles Holz

Grundriss zum abgebildeten Bad

Variante 2:

Das wild gemusterte dunkle Mosaik beherrscht den Raum. Die Dusche wirkt wie ein solider Block aus Stein. Der Waschtisch baut sich über einer breiten niedrigen Konsole vertikal auf: ein Holzkubus, die ovale Waschschüssel, die dunkle Rückwand und als Abschluss der Spiegel.

Variante 2: wild gemustertes Mosaik

Variante 3:

Obwohl ähnliche Materialien wie im vorherigen Bad verwendet wurden, ist die Stimmung doch sehr verschieden. Der Waschtisch und die Wandverkleidung aus dem gleichen hellen Holz bilden einen eigenen kleinen Raum, der durch die große Spiegelfläche im Hintergrund noch intimer wirkt.

Variante 3: beige Fliesen und helles Holz

Fröhlicher Materialmix

Ein langer Raum mit Fenster nur für Dusche und Waschbecken – das WC befindet sich im Vorraum. Ein geglückter Materialmix gibt dem Raum das Gesicht: die runde Dusche mit Holzverkleidung, hellblaue Glasfliesen, schwarzer Granit und der Boden aus gebrochenen Steinen. Ein hübsches Detail über dem Waschbecken: die schwarz eingerahmten blauen Fliesen schützen die verputzte Wand.

Schön gerahmtes Waschbecken

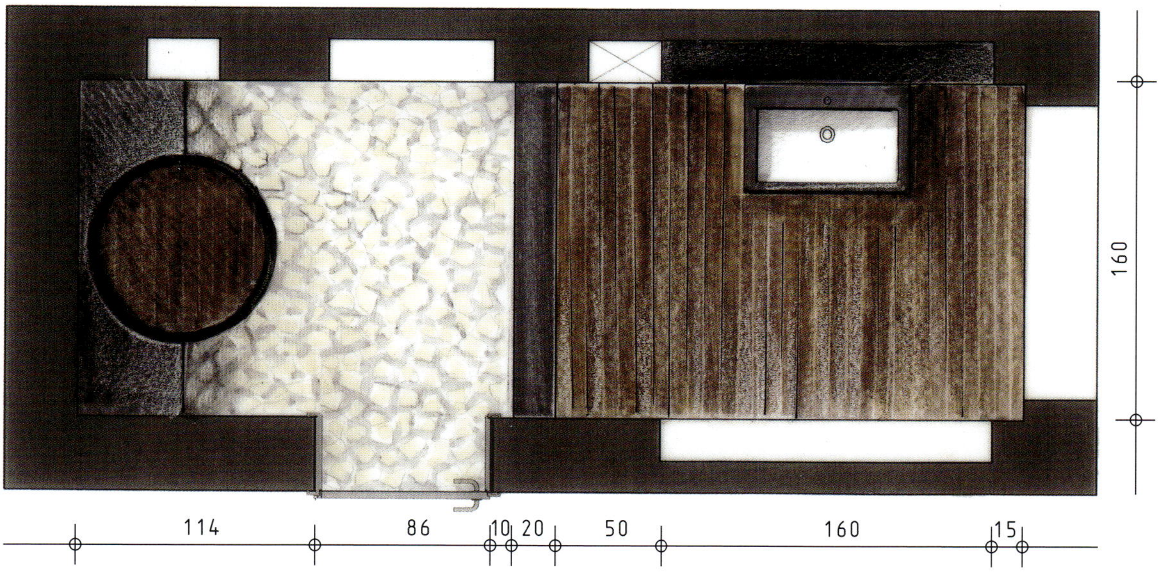

Grundriss zum abgebildeten Bad

In Holz ausgeformter Duschbereich

Waschtisch aus dunklem Holz

Klare Strukturen

Klare Linien strukturieren das großzügige Duschbad. An den Wänden werden die Höhen durch horizontale glänzende Streifen markiert. Leuchtstreifen im Boden verbinden optisch die Bereiche von Waschtisch und Dusche. Das bedeutet bei der weit in den Raum ragenden Glasabtrennung eine Orientierungshilfe.

Großformatige Steinzeugplatten in hellem warmem Beige an den Wänden und dunkleren Tönen am Boden und im Duschbereich ergeben mit dem einfallenden Tageslicht eine behagliche Atmosphäre.

Der dunkelbraune schön gegliederte Waschtisch mit weißem Aufsatzbecken bietet genügend Stauraum.

Leuchtstreifen markieren den Duschbereich.

Das WC vor dem Fenster

Grundriss zum abgebildeten Bad

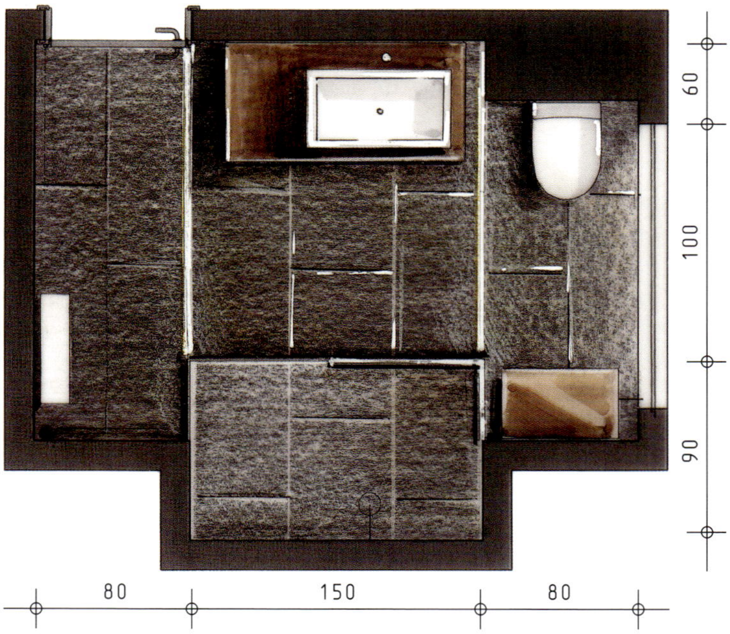

Duschbad für Rollstuhlfahrer

Das Bad wurde für normale Benutzer und einen Rollstuhlfahrer entworfen. Alle Kriterien, die für Rollstuhlfahrer zu beachten sind, wurden eingehalten. Der Waschtisch ist unterfahrbar, es gibt einen beweglichen, niedrig montierten Extraspiegel. Der Wasserhahn ist auf dem Waschtisch zu bedienen. Das WC steht frei, der Benutzer kommt noch ohne Haltegriffe aus. Zur Dusche ändert sich der Bodenbelag, ist aber höhengleich mit dem dunklen Boden. Der gesamte Duschraum ist groß genug, damit ein Rollstuhlfahrer wenden kann. Niedrig angebrachte Duscharmaturen, Griffstange und Sitzbank garantieren eigenständiges Waschen. Dieses barrierefreie Bad steht in seiner Ästhetik keinem Bad der »normalen« Planung nach.

Blick in die Dusche

Großzügiges, ruhiges Ambiente zeichnet das Bad aus.

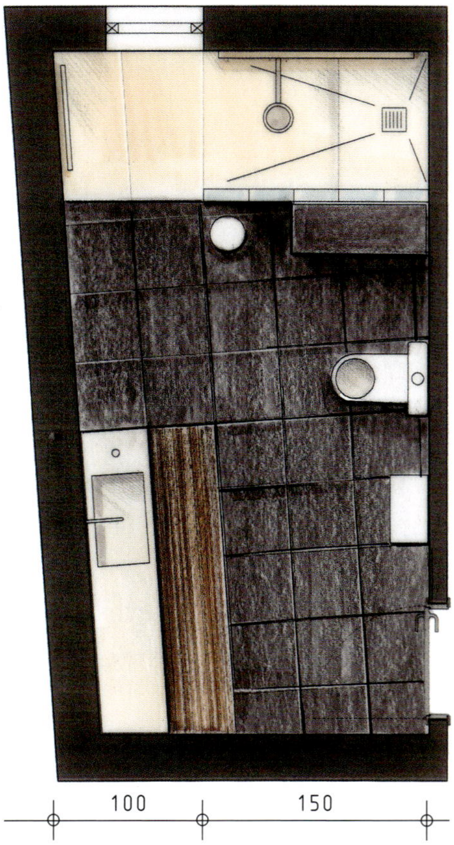

Grundriss zum abgebildeten Bad

Unterfahrbarer Waschtisch mit großer Ablage

Ein kleines Duschbad in einer Klinik für Orthopädie

In den Grundriss (3,5 m²) der üblichen Krankenhaus-Nasszellen wurde ein Duschbad für Rollstuhlfahrer geplant.

Statt einer Tür gibt es jetzt eine großzügige, satinierte Glasschiebetür, sodass man ungehindert den Raum befahren kann.

Die Dusche ist ebenerdig mit Mosaik verfliest. Der große Fugenanteil garantiert Rutschfestigkeit. Ein Vorhang im frischen Schwarz-Weiß passt gut zum braunen Holz des eingebauten Waschtischs.

Der Waschtisch ist unterfahrbar, ein schwenkbarer Spiegel sitzt tief genug, sodass auch ein Rollstuhlfahrer ihn benutzen kann.

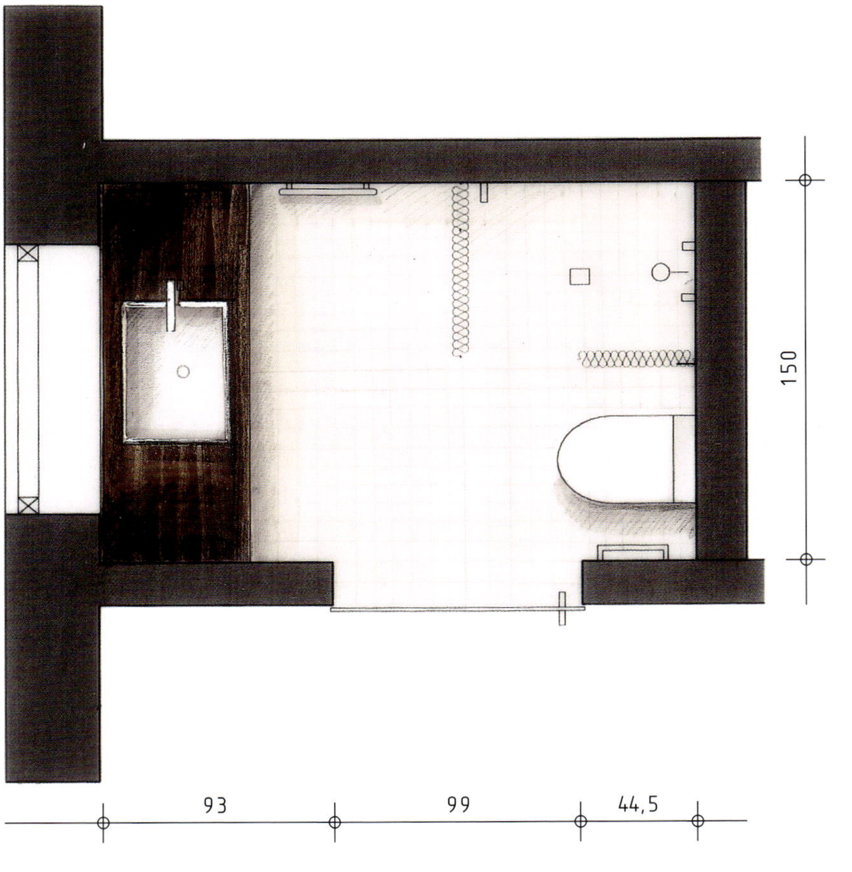

Grundriss zum abgebildeten Bad

Unterfahrbarer Waschtisch mit viel Staumöglichkeit

3
Lange schmale Bäder

Lange schmale Räume finden wir in Altbauten, wo für Bäder oft ungünstig geschnittene Restflächen vorgesehen waren.

Das WC ist meist ein schlauchartiger Raum, dessen Tür und Fenster an den Schmalseiten liegen. Man versucht heute, selbst solche Räume zum Bad umzubauen, oder man plant, mehrere kleine Räume zu einem großen zusammenzufassen. Immer besteht das Problem, die unterschiedlichen Funktionen unterzubringen und die Raumproportionen zu verbessern.

Durch die Dusche zum WC

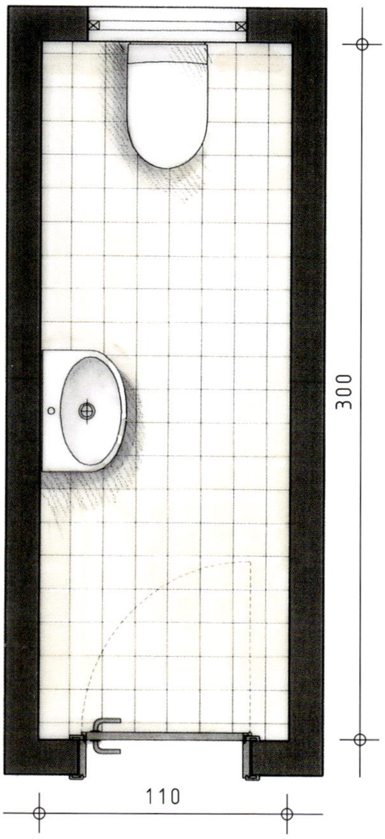

Grundriss vor dem Umbau

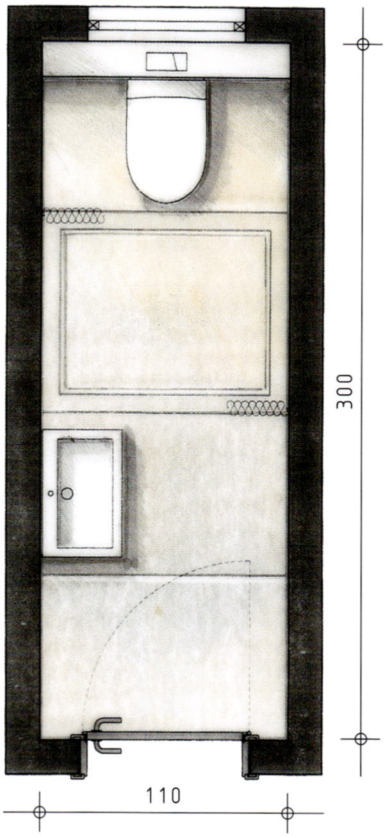

Grundriss nach dem Umbau

Es ist tatsächlich möglich, in ein schlauchförmiges WC mit Tür und Fenster an den Schmalseiten ein Duschbad unterzubringen: Man muss eben durch die Dusche zum WC. Im Einzelfall muss der ganze Fußboden etwas angehoben werden, um einen niveaugleichen Abfluss zu ermöglichen. Damit kann man auch Platz für eine Fußbodenheizung schaffen. Vorhänge aus wasserfesten Stoffen grenzen den Duschbereich ab. In seltenen Fällen ist genügend Platz für eine schwenkbare Glasabtrennung. Im vorliegenden Beispiel liegt der Duschbereich mit umlaufendem Abfluss niveaugleich mit dem Fußboden aus cremeweißem Feinsteinzeug. Türkisfarbene Glasscheiben markieren die Wandflächen in der Dusche.

Blick von oben in den Raum

Kühle Strenge in Blau-Weiß

Das lange schmale Duschbad wird optisch verkürzt durch den Niveau-Unterschied der verschiedenen Zonen, verstärkt durch das blau-weiße Schachbrettmuster des Bodens. Weiße Fliesen bekleiden die Wände, unterbrochen durch die Rückseiten der in die Wand eingelassenen Regale. Ein tiefer Versorgungsschacht trennt die Dusche vom Bereich des Waschbeckens und bietet Platz für genügend Stauraum.

Unterschiedliche Bodenhöhen gliedern den Raum

Blick zur Dusche mit Glastür

Das geflieste Wandregal

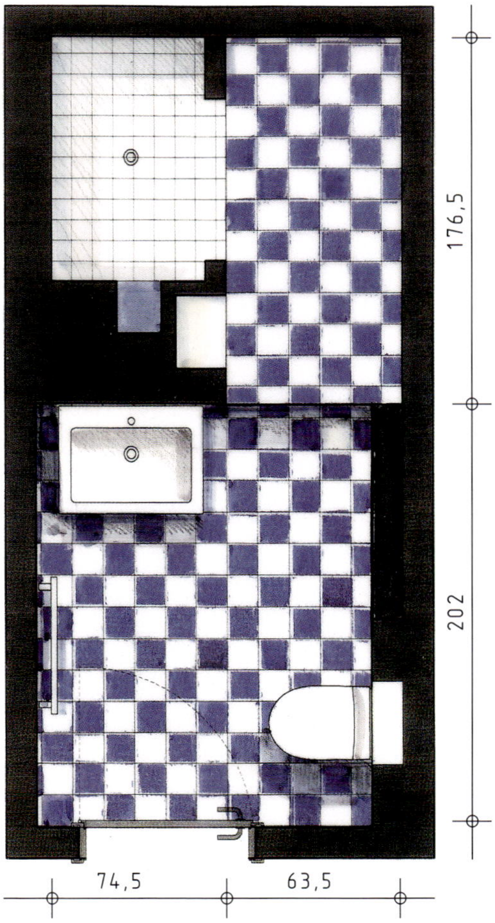

Grundriss zum abgebildeten Bad

Blick über die Wanne

Die Kurzwanne für das schmale Bad

Blick auf Waschbecken und WC

Auch in sehr schmalen Bädern ist es möglich, eine Badewanne einzubauen, da neue Kurzmodelle angeboten werden, die speziell zum Diagonal-Einbau gedacht sind. Die gezeigte Wanne hat eine ebene Standfläche zum Duschen. Eine dreieckige Abmauerung an der Wand betont den schrägen Einbau und bietet Platz für die Armaturen.

Waschbecken und WC und ein eingemauertes Regal an den Längswänden lassen minimalen, aber ausreichenden Bewegungsraum.

Klares Design in klaren Farben und senkrechte Linien verkürzen den Raum.

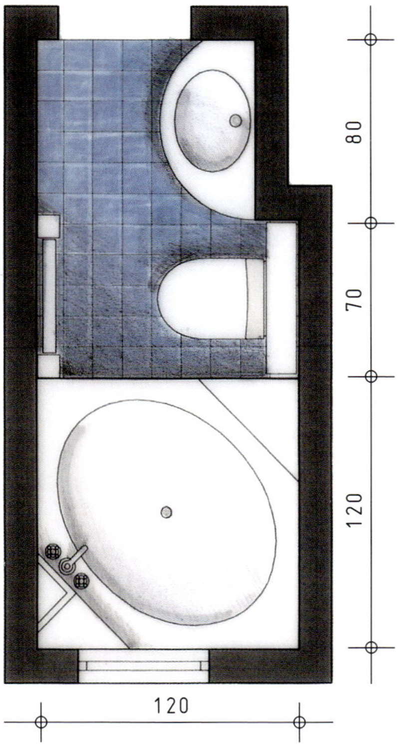

Grundriss zum abgebildeten Bad

Ein Bad mit klaren Linien

Das 190 cm breite Bad wird durch seine Länge von 400 cm zum Luxusbad. Die noble Materialwahl: Holzboden, graues Mosaik und weiße Wände unterstreichen die ruhige Atmosphäre. Durch Vormauerung ergeben sich Nischen über den Waschbecken, über WC und Bidet.

Ein Schornsteinvorsprung wurde für ein schmales Regal neben der Dusche genutzt.

Praktisches Detail im Wandvorsprung

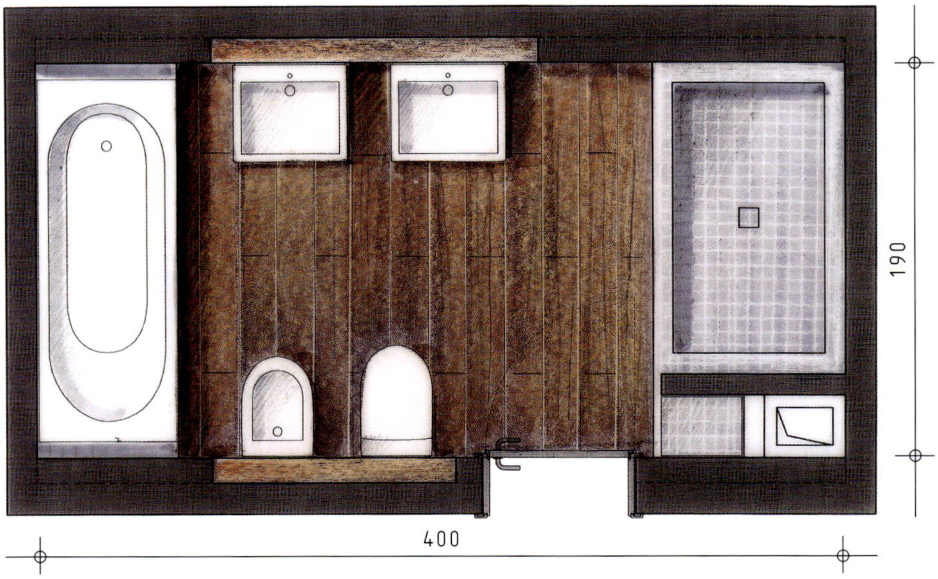

Grundriss zum abgebildeten Bad

Weiß, Grau und Naturtöne geben dem Bad Noblesse.

Viel Raum – 3 Lösungen im Vergleich

Der große Raum mit Fenster an der Rückwand soll durch geschickte Einbauten bessere Proportionen bekommen: Badewanne oder Dusche müssen quer vor dem Fenster platziert werden, um den Raum optisch zu verkürzen.

Damit man das WC versetzen kann, wird ein Podest gebaut, unter dem das Fallrohr verzogen werden wird.

Barrierefreie Dusche

Das große Bad – obwohl ungünstig geschnitten – bietet auch dem Rollstuhlfahrer genügend Platz. Die großzügige Dusche an der Fensterwand erreicht man über eine Rampe.

Schiebetüren geben reichlich Bewegungsfreiheit. Die Materialien sind robust und freundlich: Feinsteinzeug für die Wände und den Boden, Mosaik in frischen Farben für die Rampe und die Dekoration.

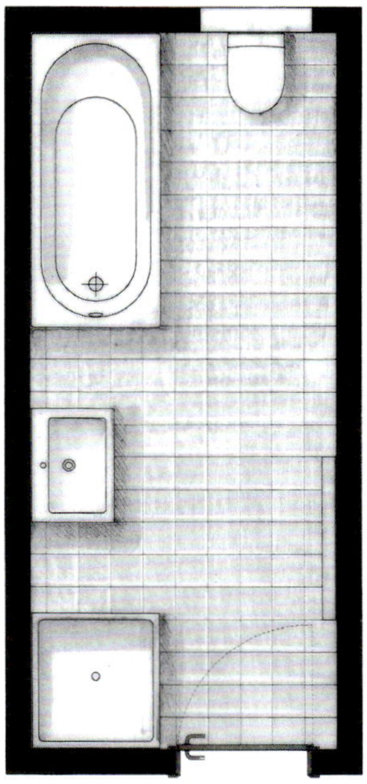

Grundriss vor und nach dem Umbau

Viel Bewegungsraum für den Rollstuhlfahrer

Eine Stimmung aus der Natur

Das Bad ist zweigeteilt, die Wanne mit integrierter Dusche wird durch eine Schiebetür vom übrigen Bad getrennt. Man kann komfortabel im hinteren Raum baden, ohne andere Benutzer zu stören.

Das WC hängt an einer glasverkleideten Mauer. Im Glas sind Gräser eingelassen. Ein Schrank bietet genügend Stauraum.

Der dunkelbraune Waschtrog aus Coreanplatten harmoniert mit dem Holzboden. Das lichte Grün, Gräser und das viele Glas geben dem Bad eine wohltuende Natürlichkeit.

Große Glaswände – mit natürlichen Gräsern hinterlegt

Grundriss zum abgebildeten Bad

Fernöstliche Anmutung

Bambusstangen – unverwüstlich, wasserfest und unendlich dekorativ – verkleiden die Wände, oben an einer Schiene beweglich aufgehängt und unten in einer Führungsschiene mit Abstand zum Boden festgehalten. Im hinteren Teil des Raumes, auf dem Podest, ist die riesige Wanne eingebaut, von der Decke rauscht die Regendusche.

Heller Marmor in großen Platten ist das Material für Fußboden und den Waschtisch. Die indirekte Beleuchtung in der Decke unterstreicht die Struktur der Bambusstangen.

Dekorative Bambusstangen als Wandverkleidung

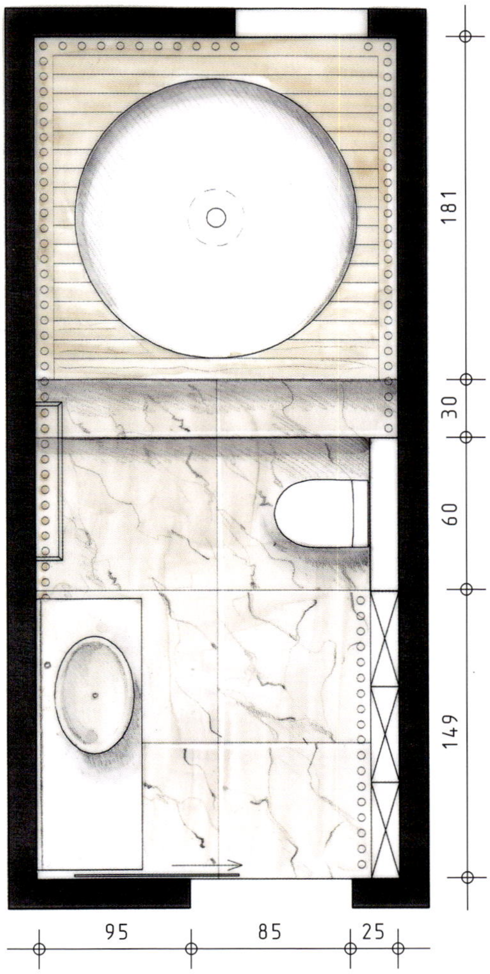

Grundriss zum abgebildeten Bad

4 Mittelgroße Bäder mit Wanne und Dusche

Standardgrundrisse

Wir wollen für die verschiedensten Standardgrundrisse Möglichkeiten zeigen, die oft langweilige Einrichtung mit modernen Mitteln zu verändern.

Oft ist die ursprüngliche Möblierung gar nicht so schlecht. Trotzdem besteht der Wunsch, etwas daran zu ändern, sei es, dass die Fliesen altmodisch sind, sei es, dass man alles einfach wieder neu, sauber und »appetitlich« haben möchte. Oder man lässt sich von Zeitschriften und den Ausstellungen des Sanitärhandels verführen, seiner Umgebung eine neue Optik zu verpassen.

Wanne und Dusche wurden früher fantasielos an der Wand aufgereiht oder in die Ecke gestellt. Das war oft nicht anders zu lösen, da es nur genormte Sanitärgegenstände gab. Die Lage des WCs war durch den Abflussstrang über alle Stockwerke eines Hauses festgelegt und durch den vorgegebenen Bodenanschluss war ein Umsetzen nicht möglich.

Auch die Lage der Fenster, soweit vorhanden, beeinflusste die Einrichtung, da im Normalfall der Heizkörper darunter eingebaut war. Moderne Fußbodenheizung und Innenbelüftung lassen uns bei der Neuplanung freie Hand auch den Raum vor dem Fenster zu nutzen.

Unsere 3 Beispiele haben jeweils eine Grundfläche von ca. 8 m^2. Die unterschiedlichen Proportionen bewirken erstaunlich vielfältige Entwürfe für die einzelnen Grundrisse.

Prototyp 1

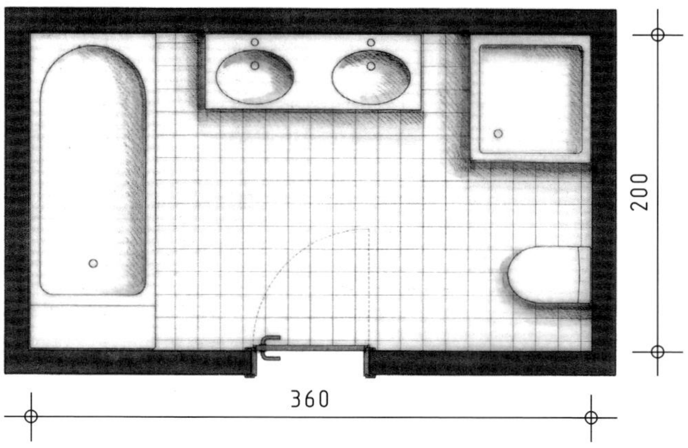

Prototyp 1: 7,2 m²

Prototyp 2

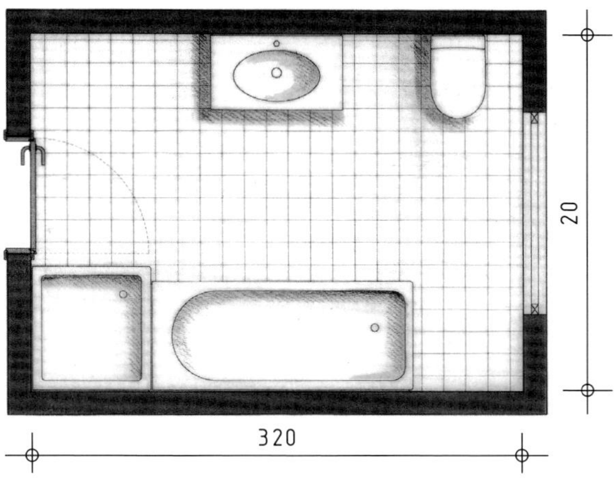

Prototyp 2: 7,4 m²

Prototyp 3

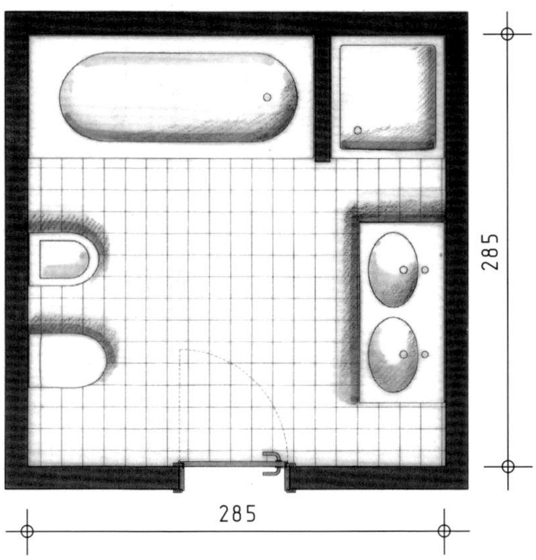

Prototyp 3: 8,1 m²

Das Bad in 2 Zonen

7,2 m^2

Prototyp 1, Version A

Der längliche, fast symmetrische Grundriss wird in 2 Zonen geteilt: links Badewanne und Dusche, rechts Waschtisch und WC.

Die Wanne ist an ihrem ursprünglichen Platz geblieben. Die ebenerdig eingebaute Dusche wurde neben die Wanne gesetzt. Sie wird durch Mauern und Glaswände abgeteilt.

Der Boden ist sandfarben gefliest, die Wände mit Latex gestrichen. In die hintere, dunkelblau gestrichene Wand ist ein hinterleuchtetes Band mit Fischen eingelassen, das über dem Waschtisch zur Ablage wird.

Spiegelschränke und das Podest unter dem Waschbecken bieten Stauraum. Ein Spiegel hinter der Wanne lässt das Bad größer erscheinen.

Gutes allgemeines Licht spendet ein Leuchtband in der abgehängten Decke. Unterhalb der Spiegelschränke gibt es indirektes Licht für den Waschplatz.

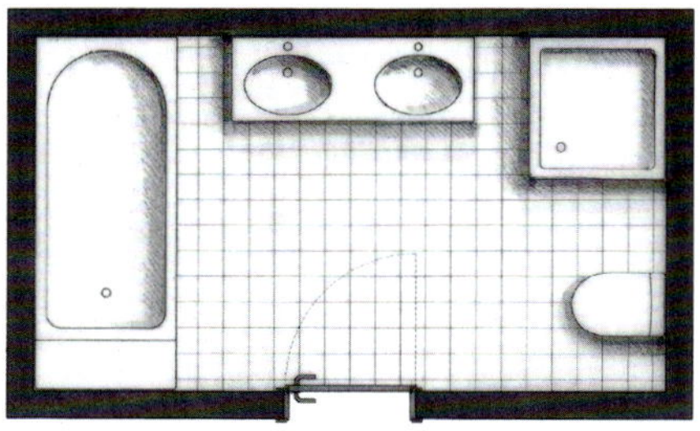

Grundriss vor dem Umbau

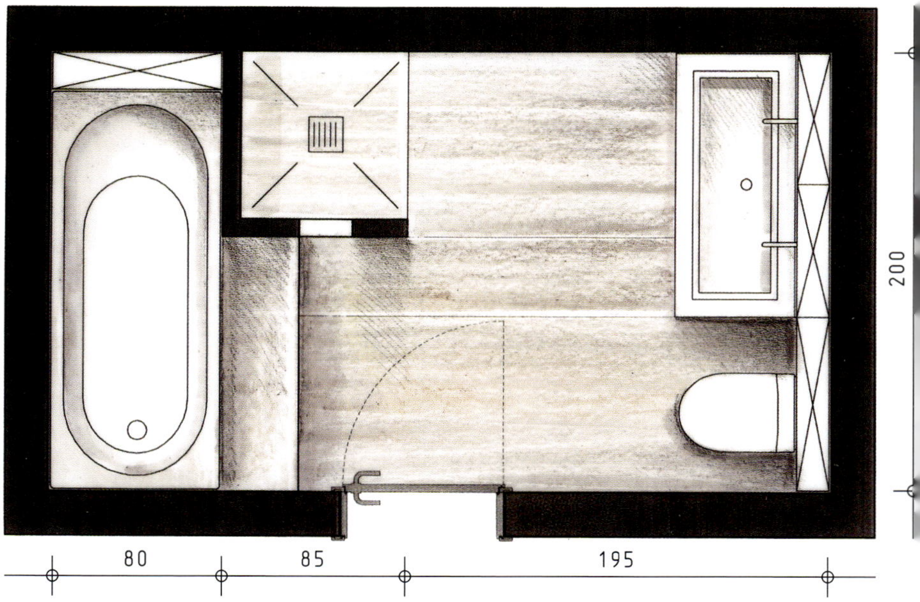

Grundriss nach dem Umbau

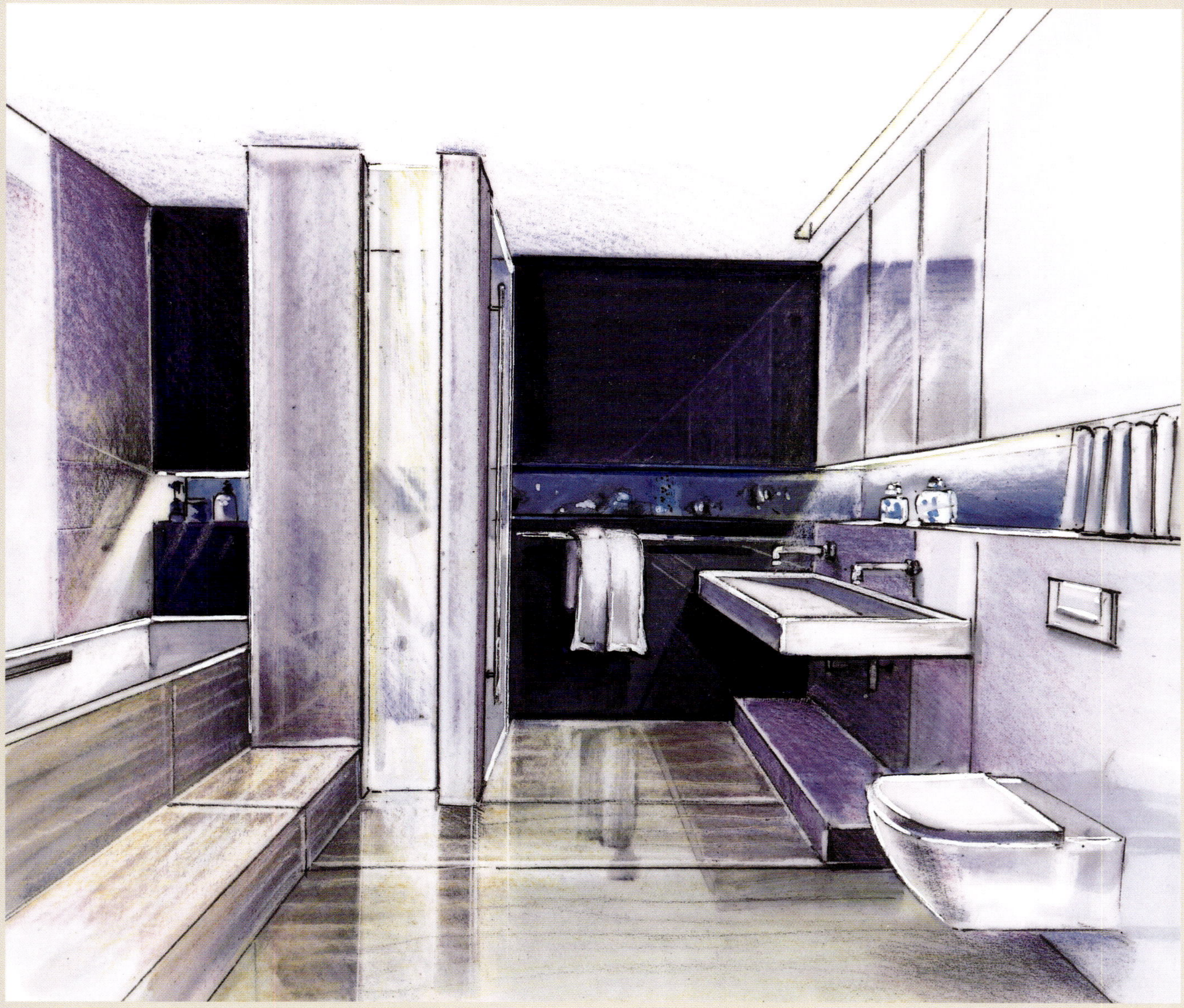

Die dunkle Rückwand erzeugt Tiefenwirkung.

Nostalgie in Szene gesetzt

7,2 m²

Prototyp 1, Version B

Die Symmetrie des Raums wird durch die Anordnung der Waschbecken und der Badewanne besonders betont.

Die ganze Aufmerksamkeit gilt der nostalgischen Inszenierung: Die frei stehende Wanne auf Löwenfüßen und die Waschtische auf Chromgestellen erinnern an Zeiten, als solches Design höchster technischer Fortschritt war.

Der halbrunde, geraffte Duschvorhang erlaubte es, auf eine Dusche ganz zu verzichten; in der linken Ecke steht jetzt ein Schrank und sorgt für genügend Stauraum.

Die hellgrün mit Latexfarbe gestrichenen Wände harmonieren mit dem grün-weiß gefliesten Boden. Weiße Fliesen schützen die Wand beim Duschen. Ovale Spiegel und Lämpchen mit Schirm betonen den Charme vergangener Zeiten.

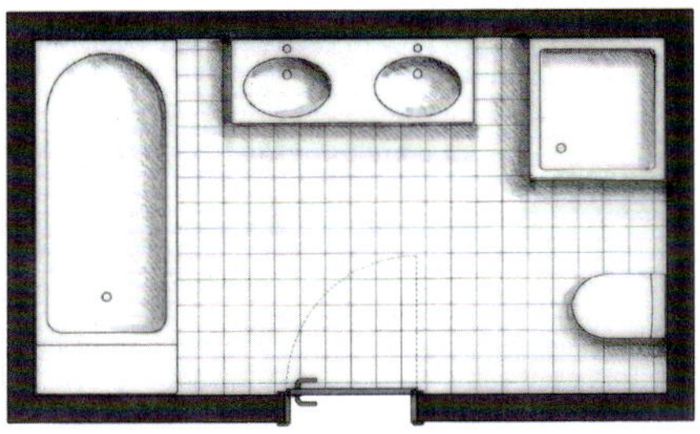

Grundriss vor dem Umbau

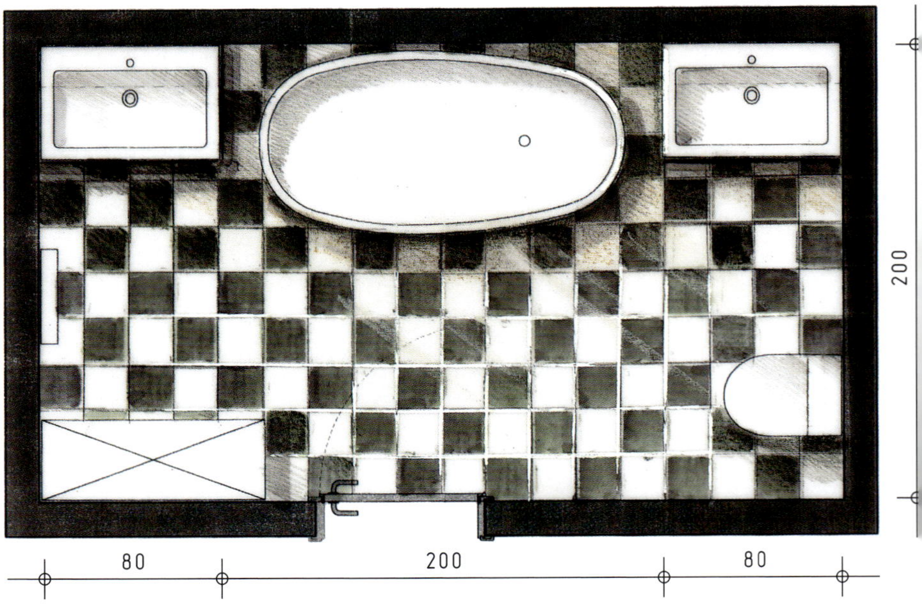

Grundriss nach dem Umbau

Der Charme längst vergangener Zeiten

Ein Bad in Schwarz-Weiß

Prototyp 1, Version C

Ein Bad in der gleichen Anordnung der Sanitärgegenstände wie auf der vorhergehenden Doppelseite, doch das Ambiente ist kantig, modern: Die Wanne steht wieder im Mittelpunkt, umrahmt von 2 eckigen Waschbecken mit Schubladen. Statt eines Schranks ist in diesem Bad wieder eine Dusche eingebaut.

Der schwarze Industrieboden harmoniert mit der dunkel gestrichenen Wand. Ein aufgeklebtes Wand-Tatoo lockert die Wand hinter den Waschbecken auf. In der Dusche sorgen Steinzeugplatten für den nötigen Schutz.

Die Spiegelschränke, von Wand zu Wand, bieten genügend Stauraum. Die Decke ist abgehängt, ein Schlitz zur Wand spendet indirektes Licht. Zusätzlich gibt es Licht unterhalb der Hängeschränke.

7,2 m^2

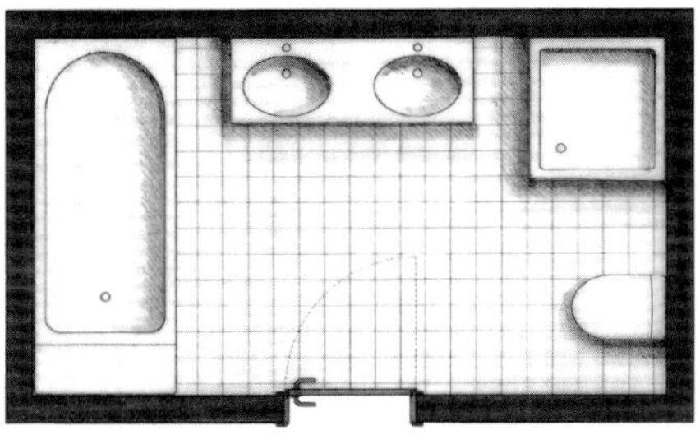

Grundriss vor dem Umbau

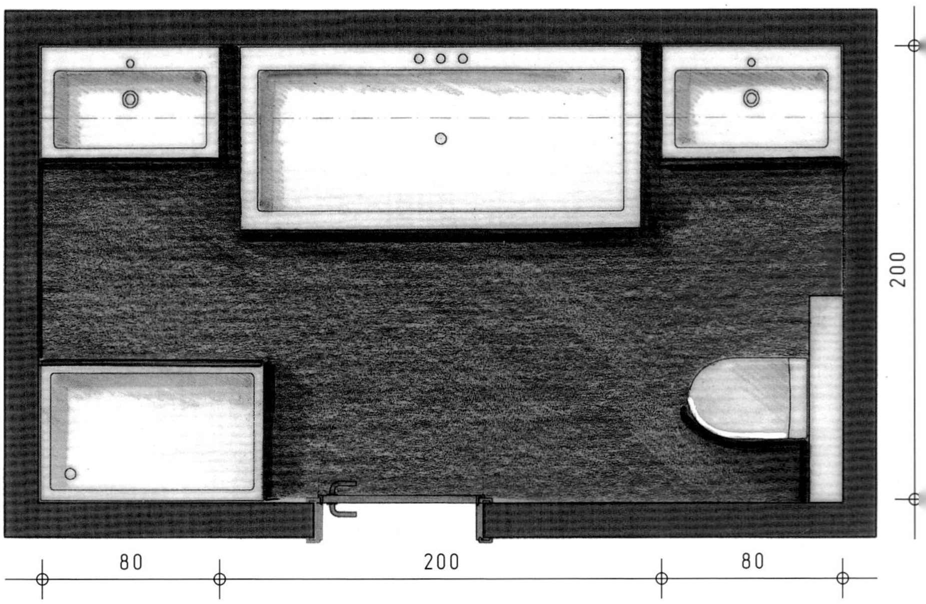

Grundriss nach dem Umbau

Das Bad besticht durch seine Geradlinigkeit.

Symmetrie im Bad

$7{,}4\ m^2$

Prototyp 2, Version A

Der lang gestreckte Grundriss mit Tür und Fenster an den Schmalseiten hatte die übliche Einrichtung: alles an den Längswänden aufgereiht.

Wie so oft, bietet sich auch hier an, die Wanne quer vor das Fenster zu stellen. Das WC muss versetzt werden.

Neben dem WC entstehen durch den vorgesetzten Sanblock Nischen, die mit Türen verschlossen wurden. Auf der gegenüberliegenden Wand ist eine Trompe-l'œil-Malerei aufgebracht, die mit dem Marmor am Boden und am Waschplatz harmoniert.

Links und rechts der Wanne stehen extravagante, flache Waschbecken auf verchromten Böcken. Die Spiegel sind in den gemauerten Wänden zurückgesetzt, sodass vorne Ablageflächen entstehen und auch Platz für dünne Beleuchtungsröhren bleibt.

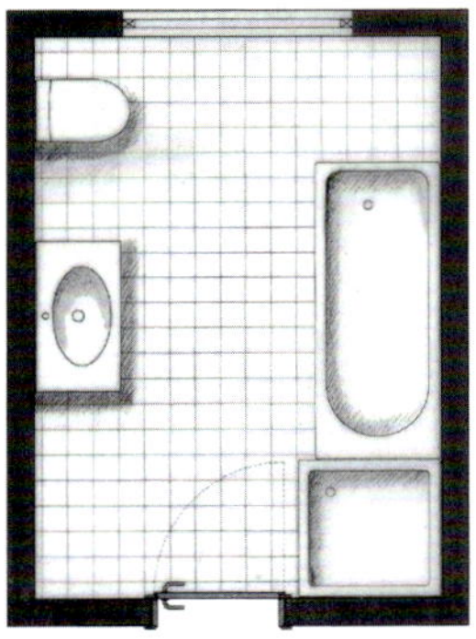

Grundriss vor dem Umbau

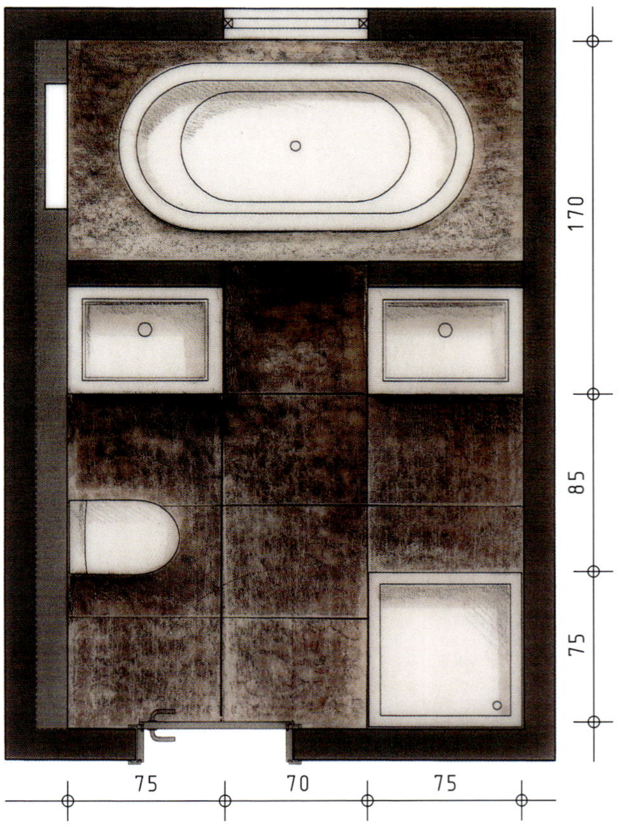

Grundriss nach dem Umbau

Die Wanne hat einen Extraraum.

Sanft geschwungene Kurven bestimmen das Bad.

7,4 m^2

Prototyp 2, Version B

Im Gegensatz zur strengen Lösung der vorigen Seiten gibt es in diesem Bad nur organische Formen. Ausgangspunkt ist die Badewanne, die sich aus der Ecke diagonal in den Raum schiebt. Diese weiche Form muss in der Bodengestaltung aufgefangen werden. Eine geschwungene Stufe bildet das Podest, das die sanitären Umbauten ermöglicht. Der Belag aus kleinformatigem Glasmosaik passt sich jeder Rundung an. Waschbecken, Dusche und WC stammen aus Sanitärserien, die dem Prinzip der runden Form folgen.

Das kräftige, mit Mustern durchsetzte Pink und die eingestreuten Goldplättchen entsprechen der heiter-verspielten Formensprache.

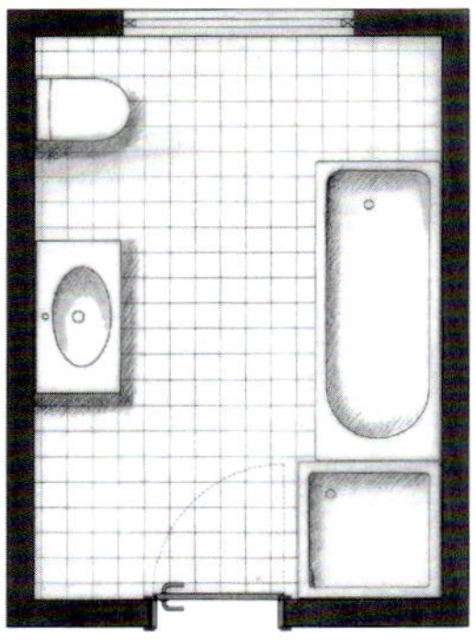

Grundriss vor dem Umbau

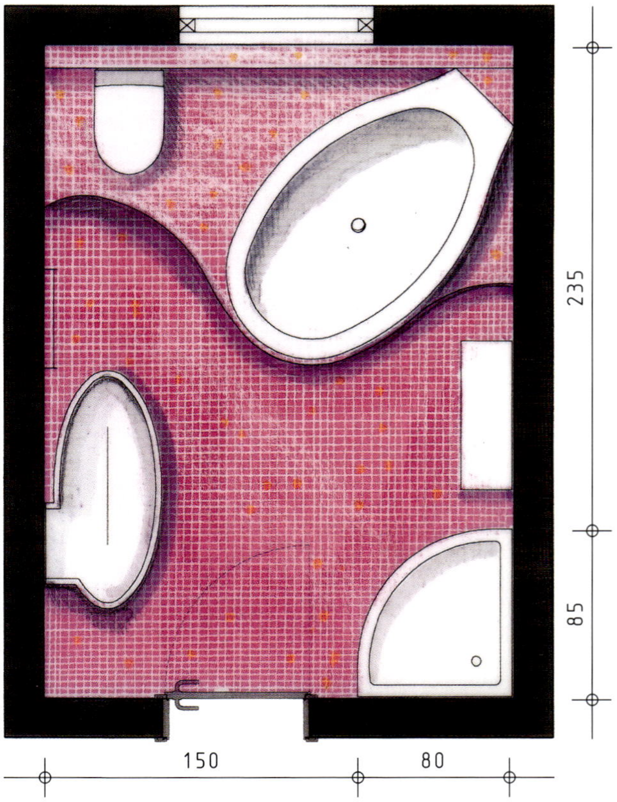

Grundriss nach dem Umbau

Weiche, organische Formen in einem Bad aus buntem Glasmosaik

Der frei stehende Badezuber

Prototyp 3, Version A

Der quadratische Grundriss hat im Verhältnis zum Umfang die größtmögliche Grundfläche. Deshalb bietet es sich an, bestimmte Funktionsbereiche in die Mitte des Raumes zu legen. Das Besondere an unserer Lösung ist die frei im Raum stehende Wanne. Sie bestimmt das Ambiente des Bades.

Die Zuberform von Wanne und Waschbecken, der Holzboden und die halbhohe lackierte Holzverkleidung geben dem modernen Bad einen ländlichen Anstrich.

8,1 m^2

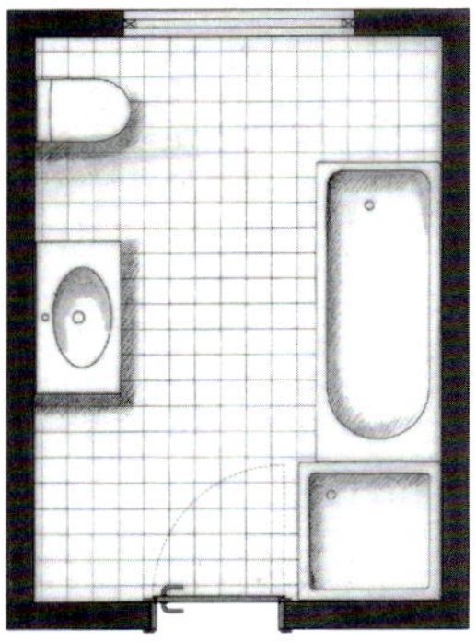

Grundriss vor dem Umbau

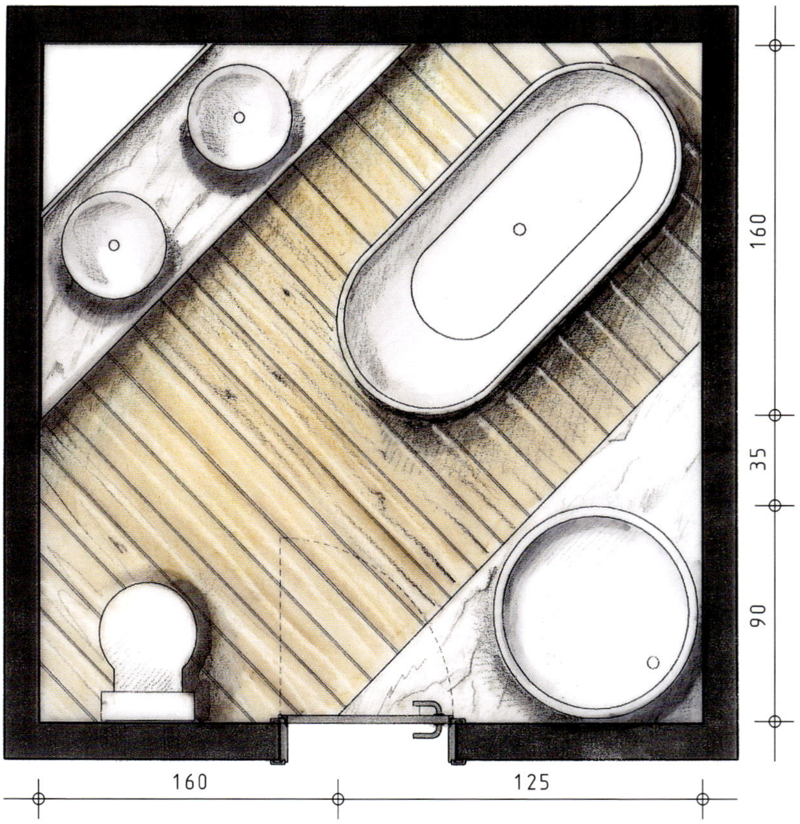

Grundriss nach dem Umbau

Modernes Bad mit ländlichem Anstrich

Nussbaum,
Kieselsteine und Glas

Prototyp 3, Version B

Eine symmetrische Ordnung zeichnet diesen Entwurf aus. Auf der Mittelachse, betont durch dunklen Holzboden, steht die Wanne. Links und rechts von der Wanne sind Rollcontainer für Badutensilien untergeschoben.

Die eckigen Waschbecken liegen auf dunklen Holzunterbauten, auch hier gibt es Stauraum in den offenen Schränken. Die Waschtische stehen auf einem, in Kunststoff einlegten, Kieselsteinboden.

Das sandgestrahlte, hinterleuchtete Glas hinter der Wanne, in Sprossen unterteilt, gibt dem Bad eine asiatische Note.

$8,1\ m^2$

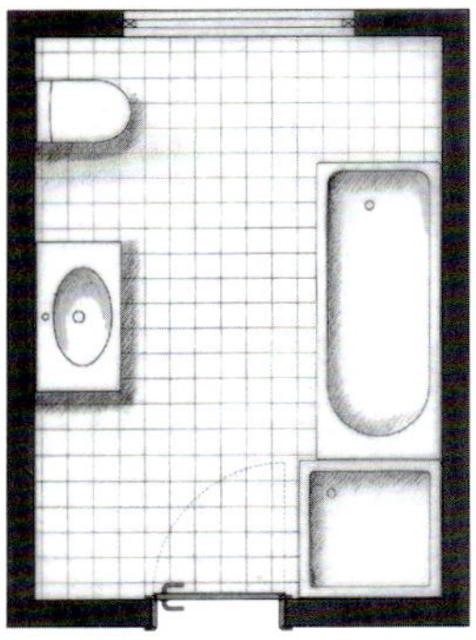

Grundriss vor dem Umbau

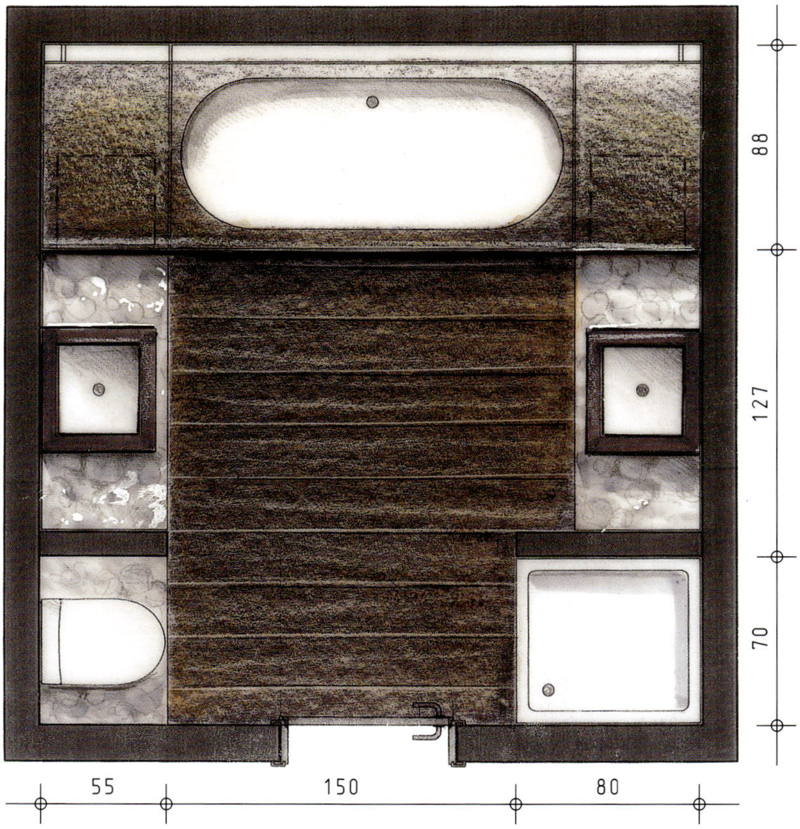

Grundriss nach dem Umbau

Bad mit asiatischer Note

Eine große Dusche und eine Wellnessbank

8,1 m²

Prototyp 3, Version C

Die neuen eckigen Becken und Wannen ermöglichen ein nahtloses Aneinanderreihen der Sanitärgegenstände; so konnte das Waschbecken zwischen Wanne und Wand gesetzt werden.

Die Wanne ist in die Mitte des Bades gerückt, dadurch entsteht eine großzügige Dusche, durch eine Glasscheibe abgetrennt. Das Bidet ist entfallen, es gibt jetzt in diesem Bad eine lange, gepolsterte Bank zum Entspannen. Zusätzlich sind unter der Bank Schübe für Handtücher. Das mittelgroße, weiße Mosaik wird durch farbige Platten aufgelockert. Die Wände in der Regendusche sind durch Glas geschützt, die übrigen Wandflächen gestrichen.

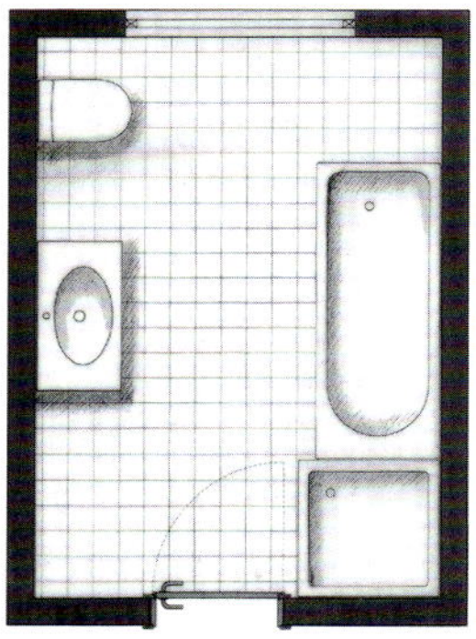

Grundriss vor dem Umbau

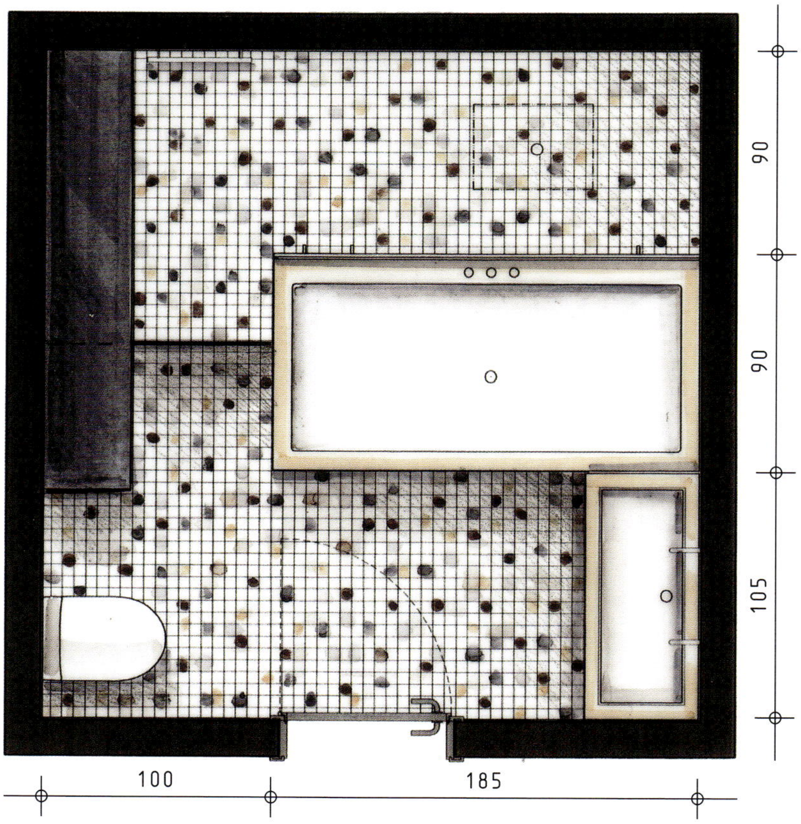

Grundriss nach dem Umbau

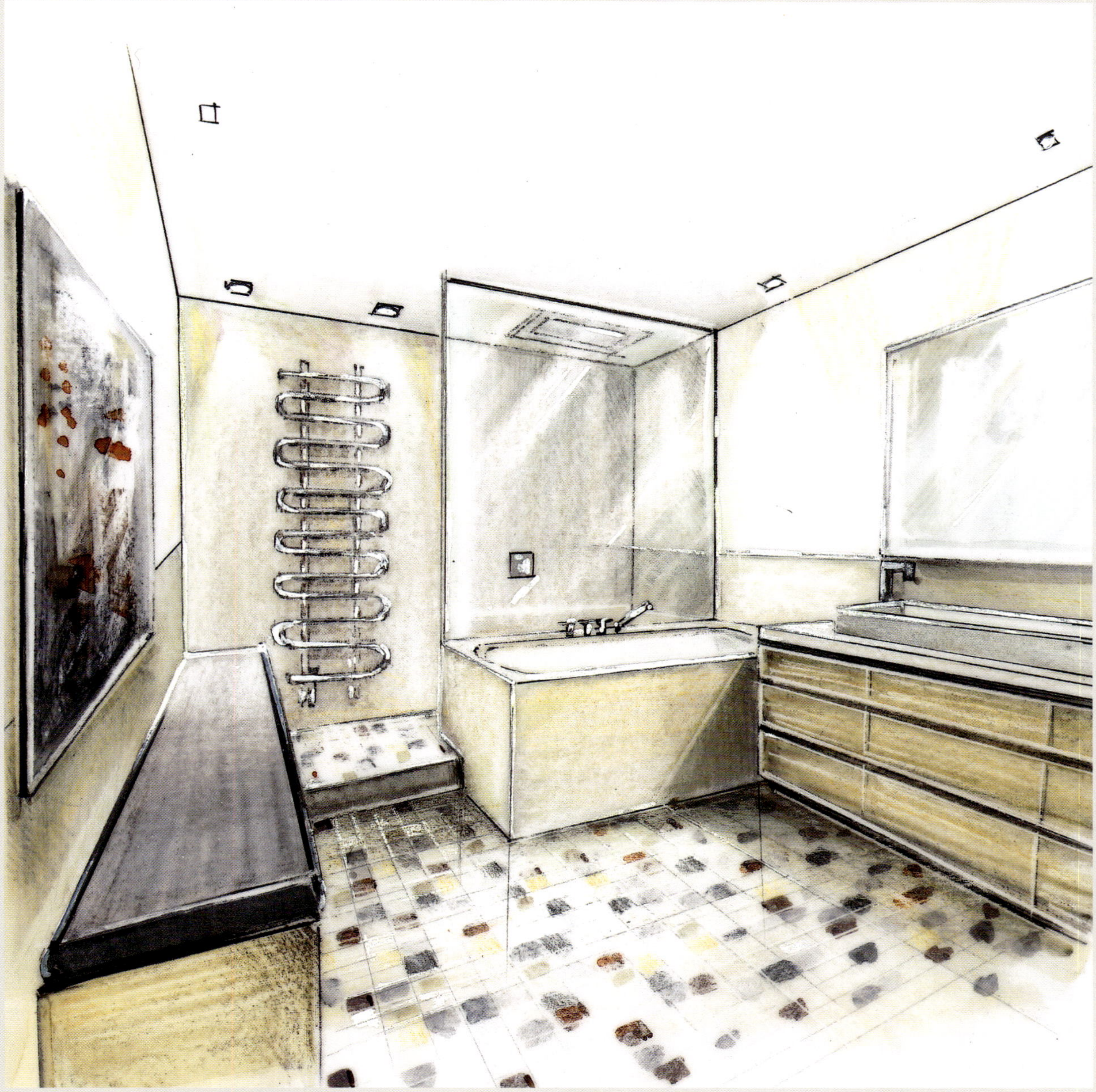

Blick in das total umgestaltete Bad

Beleuchtete Wanne aus grünem Glas

Kühle und Transparenz sind die Attribute dieses Bades, das in das Erkerzimmer einer Altbauwohnung eingebaut wurde. Bewusst hat man die Symmetrie des Raumes vernachlässigt und folgt mit den diagonalen Einbauten den schrägen Fensterwänden.

Der Clou ist die Verkleidung der Wanne aus geätztem Glas, das durch die Beleuchtung von innen smaragdgrün erstrahlt – ein Effekt, der sich am Fenster wiederholt und die Längsachse der Wanne betont. Die brüstungshohe Abmauerung, die die Wanne umgibt und die Wände haben als Beschichtung einen dekorativen Fertigputz, der durch glänzende Metallbänder unterbrochen wird. Der Waschtisch ist eine filigrane Konstruktion aus Stahl und Glas. Die Dusche erkennt man nur durch die Glasabtrennung und eine Vertiefung im Fliesenboden.

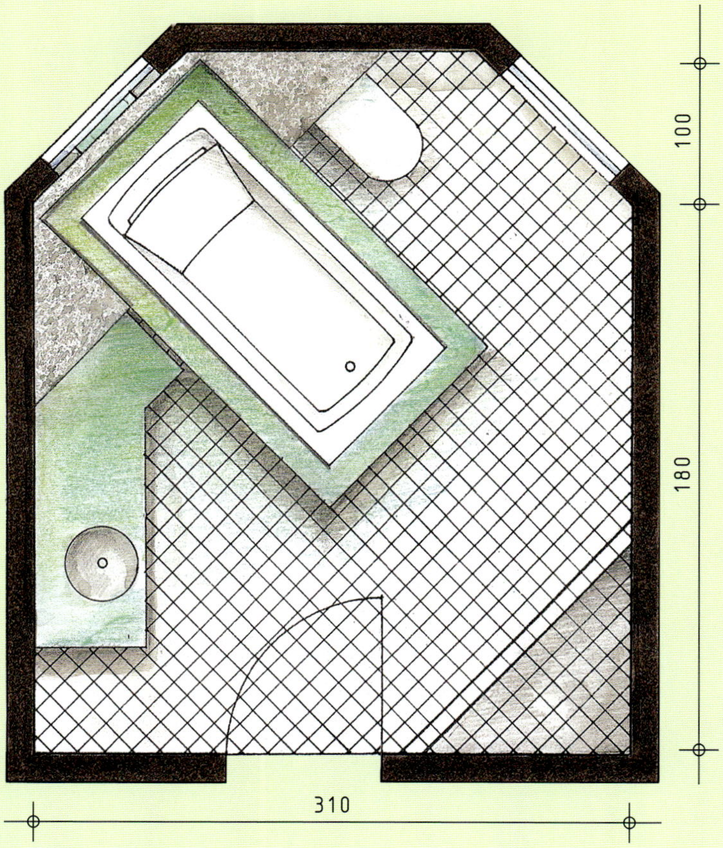

Grundriss zum abgebildeten Bad

Die Verkleidung der Wanne aus geätztem Glas ist von innen beleuchtet.

Komplettes Bad in kleiner Mansarde

Auf kleinstem Raum ein komplettes Bad

In der Mansarde eines bürgerlichen Wohnhauses wurde auf kleinstem Raum ein komplettes Bad inszeniert. Der helle Natursteinboden und weißes Glasmosaik für die Wände schaffen eine heitere Stimmung. Nur der Duschbereich hat seine eigene dunklere Farbe. Die Abmauerung fürs WC und der dunkelbraune Waschtisch geben der Badewanne einen eigenen kleinen behaglichen Raum.

Die Duschtüren öffnen sich platzsparend übereck.

Moderne Wannenrandarmatur

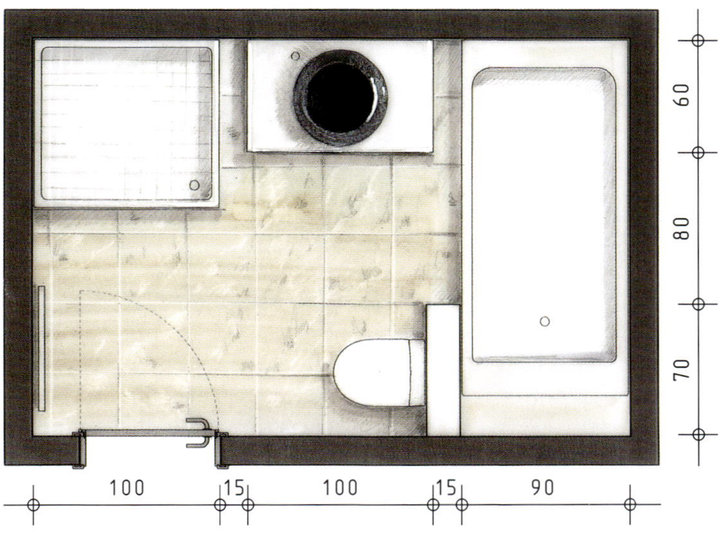

Grundriss zum abgebildeten Bad

Holz lackiert und Holz natur

Die hellgrünen Holzpaneele geben dem Bad einen maritimen Touch.

Die Viertelkreiswanne ist problemlos mit den schmalen Brettern zu verkleiden. Die lackierten, hinterlüfteten Wände haben sich im Bad bewährt, auch der geölte Lärchenholzboden macht keine Probleme.

Zwischen den klassischen Standwaschtischen ist ein Regal eingebaut. Die Glasablagen mit dem verchromten Geländer erinnern an eine Reling. Beim Träumen in der großen Wanne fühlt man sich wie auf hoher See. Es fehlt nur das Schaukeln.

Ein Bad im Landhaustil

Grundriss zum abgebildeten Bad

»Schräger« Komfort

Das weiß lasierte Holz und der helle Kunststoffboden verleihen dem rustikalen Bad unterm Dach Leichtigkeit und Frische.

Unter der Schräge befindet sich ein Einbauschrank. Exakt in Stehhöhe beginnen die Doppelwaschbecken. Das Motto: viel Komfort und Wohlbefinden unterm Spitzdach.

Ein Bad, in dem man sich geborgen fühlt

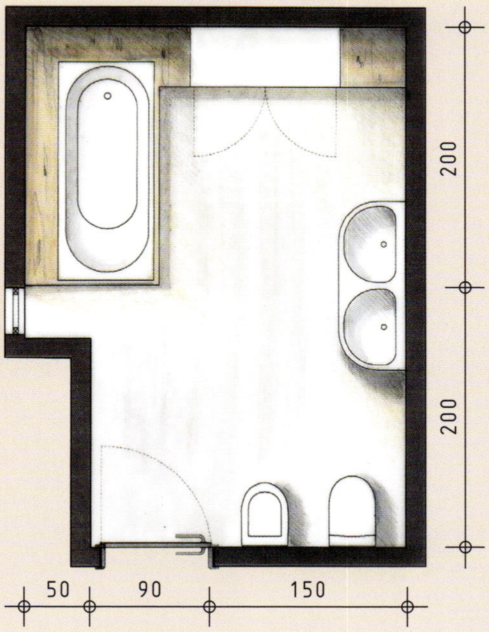

Grundriss zum abgebildeten Bad

Fernöstliche Strenge

Ein klar gegliedertes Bad, das durch die transparente Kassettentür ein asiatisches Flair bekommt: Den zentralen Raum bilden an gegenüberliegenden Wänden der Waschtisch mit Unterbau und raumhoch verspiegelter Rückwand und die Badewanne mit feststehender Glasabtrennung. Besondere Lichteffekte entstehen durch die senkrechten raumhohen Leuchten und die Wandnische neben der Wanne. Die tiefe Fensternische korrespondiert mit dem Zugang zum separaten WC-Kabinett. Große naturweiße Bodenfliesen, natürliche Holztöne und die erdig-beige Wandfarbe runden die Gesamtwirkung des Raumes ab.

Beleuchtete Wandnische über der Wanne

Am Waschtisch spiegelt sich der ganze Raum.

Die fernöstlich anmutende Kassettentür zum WC

Grundriss zum abgebildeten Bad

Bad im Wintersportort

Das Bad befindet sich in einem der bekanntesten Wintersportorte der Alpen. Sein ländlicher Charme wird durch die Decke und die Waschtröge auf einem massiven Holztisch betont. Selbst die Spiegelumrandung besteht aus gedrechselten Holzröhren. Doch der Clou ist der springende Fuchs, der die winterliche Landschaft genauso genießt wie die Skifahrer, die sich bald im heißen Wasser erholen werden.

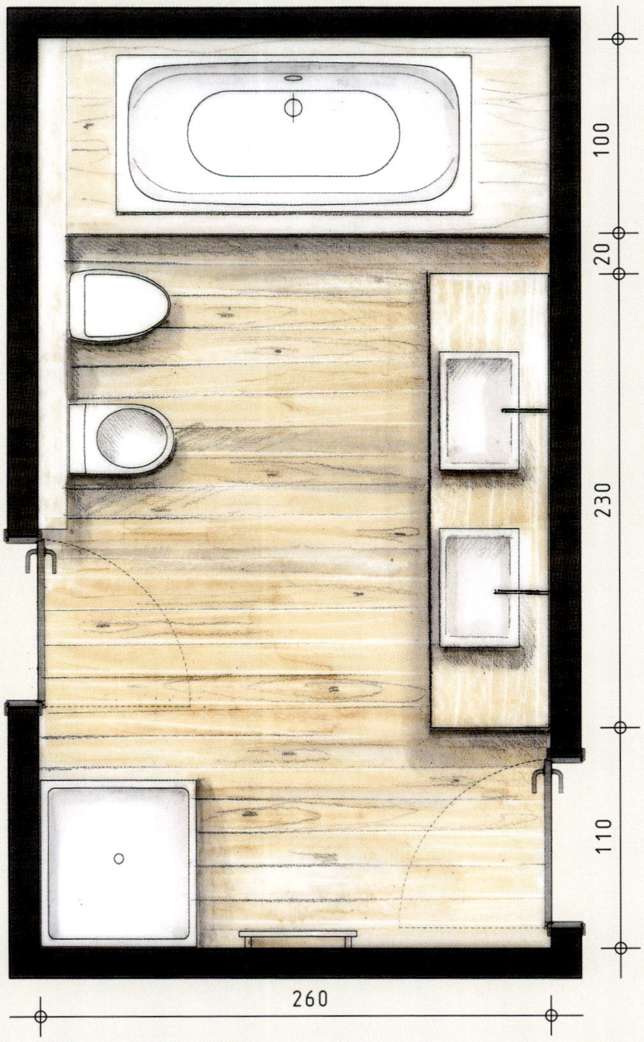

Grundriss zum abgebildeten Bad

Weiß und Naturholz bestimmen die Atmosphäre des ländlichen Bades.

Schwarzer Stein und rotes Glas

Ein Luxusbad in der heute beliebten Aufteilung: frei stehende Wand mit großem Waschtisch, dahinter der eben zugängliche Duschbereich und die frei stehende Badewanne. Dieser Raum lebt vom Kontrast der schwarzen Wand und dem Rot von Waschtisch und Unterbaumöbeln. Das ungewöhnliche Material ist Glas, das die Farbe zum Leuchten bringt und sich im Mosaik der Dusche wiederholt. Ein aufregender Raum, der dank Fernseher zum Entspannen einlädt.

Frei stehende Wanne vor dem Fenster

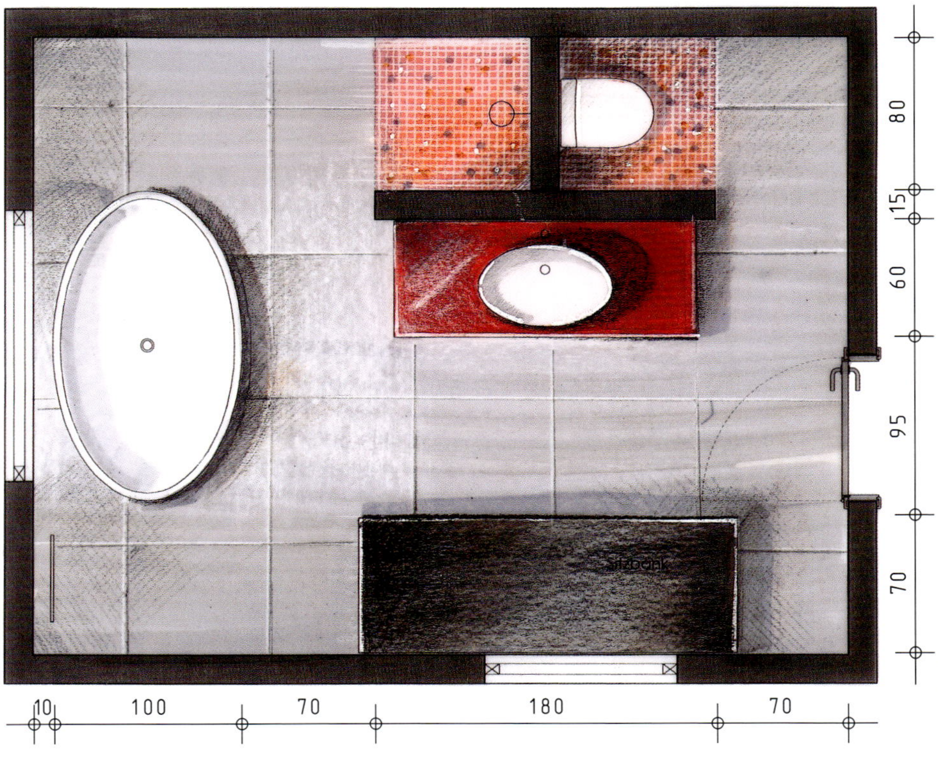

Grundriss zum abgebildeten Bad

Waschtisch, Schränke und Dusche aus rotem Glas

Schlichte Eleganz

In diesem eleganten, aber doch schlicht und ländlich anmutenden Raum, findet man Einfachheit und Luxus gleichzeitig wieder. Stilsicher wurde hier Material wie Schiefer, poliertes Makassar-Ebenholz und Glas zu der rustikalen Decke kombiniert.

Die geschickte Anordnung der Sanitärgegenstände ist zugleich funktional wie auch optisch ansprechend. Vor allem die Badewanne erhält durch das Podest besondere Aufmerksamkeit und lädt zum Baden und Träumen ein.

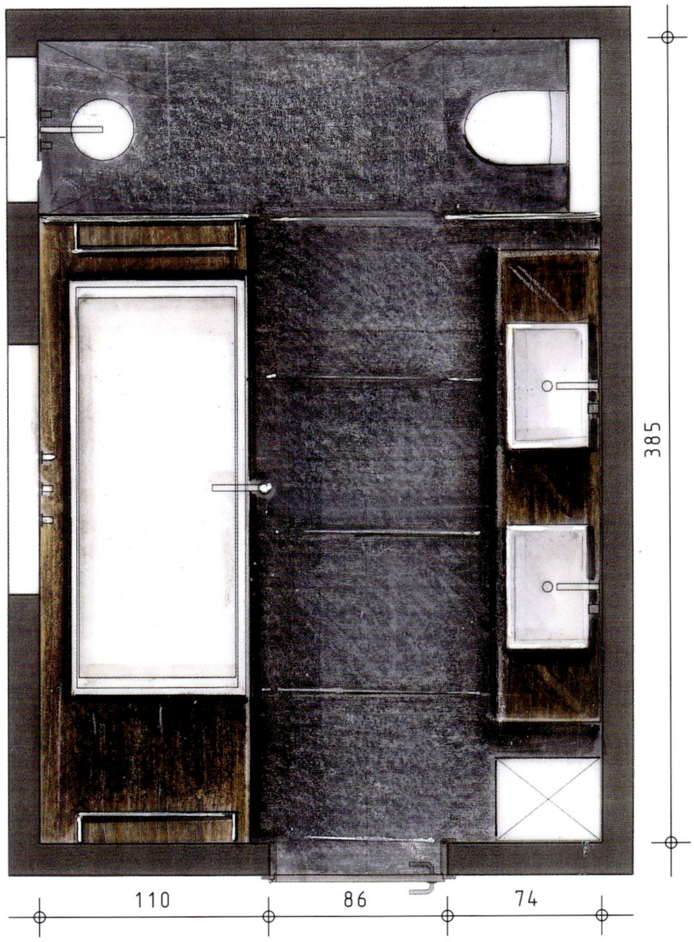

Grundriss zum abgebildeten Bad

Der Marmorstreifen bildet mit den Becken eine Einheit

Schlichte Formensprache in perfekter handwerklicher Ausführung

Marmor in verschiedenen Farben

Dusche und WC sind in einem abgetrennten, erhöhten Raum untergebracht, um die beiden klassizistischen Waschbecken an der symetrisch gestalteten Spiegelwand zur Geltung zu bringen.

Eine große Badewanne mit Liegefläche von beiden Seiten passt in die vorhandene Nische neben der Tür. Die Wände aus aprikotfarbenem Marmor sind mit schwarzem Granit eingefasst. Der karierte Fußboden vereint die im Raum vorkommenden Farben.

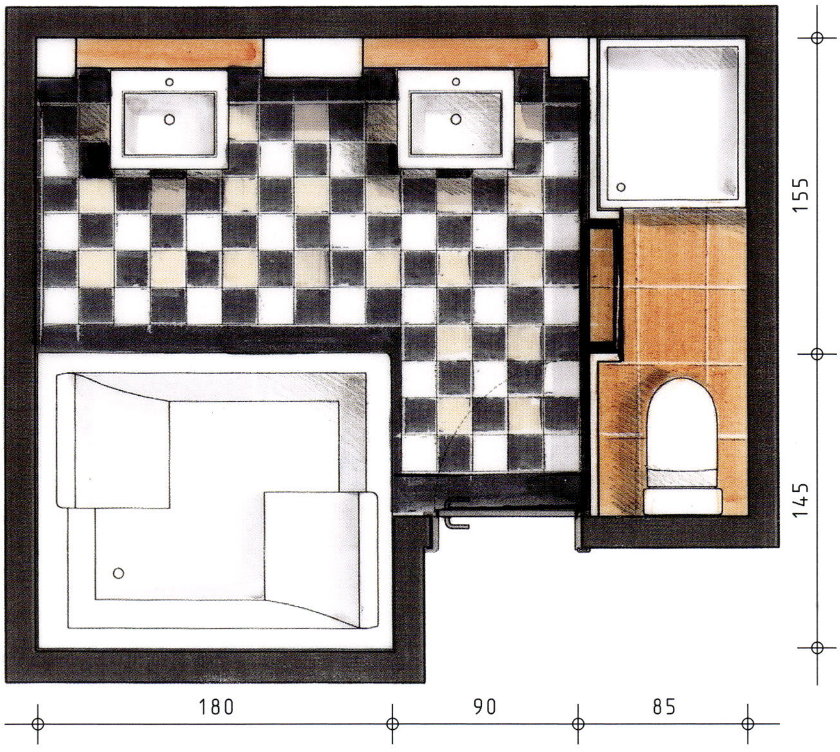

Grundriss zum abgebildeten Bad

Klassizistisches Waschbecken in einem Raum aus aprikotfarbenem Marmor

5
Bäder unter Dachschrägen

Bäder unter Dachschrägen unterliegen in der Planung eigenen Gesetzmäßigkeiten, besonders dann, wenn die Dachneigung gering und der Kniestock niedrig ist.

Grundsätzlich sollte die Höhe des Kniestocks 1 m nicht unterschreiten, um ein komfortables Benutzen des Bades zu gewährleisten. Allenfalls kann der darunterliegende Raum als Stauraum genutzt werden. Wie weit die einzelnen Sanitärelemente unter die Schräge passen, kann im Kapitel »Planungshilfen« unter »Dachschrägen« nachgelesen werden.

Strahlende Frische zeichnet das kleine Duschbad unter der Dachschräge aus. Die Glaswände und der durchgehende Boden geben dem winzigen Raum Großzügigkeit. Einbauten unter dem Fenster schaffen Stauraum und dienen als Ablage. Hinter den emaillierten Stahlplatten verbirgt sich die Installation.

Minimalistisches Duschbad in hellblauem Glasmosaik

Weißes Bad unterm Spitzdach

Ein Bad unterm Spitzdach, das allen Komfort bietet: Wanne und Dusche, einen großen Waschtisch, viel Stauraum und auf dem Podest einen Platz zum Träumen.

Weißer Carrara-Marmor, weiße Wände, weiße Objekte – nur der Waschtischunterbau und eine Bank vor der Wanne in Holz unterbrechen die Sinfonie in Weiß.

Frische pur in dieser Sinfonie in Weiß

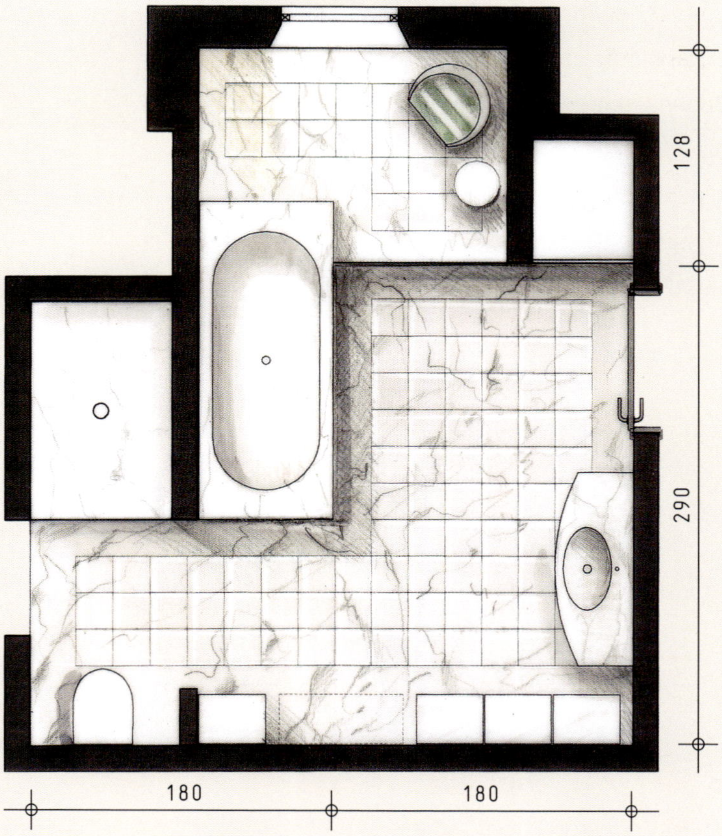

Grundriss zum abgebildeten Bad

Satte warme Farben unter dem Dach

In diesem kleinen Bad unter der Dachschräge wurde mit edlen Materialien und einer klaren Planung ein stimmungsvolles Duschbad geschaffen.

Rot-braun changierende Mosaikplättchen harmonieren mit dem Marmor der Waschtischplatte. Die weißen Sanitärgegenstände stehen im guten Kontrast zu den warmen Tönen der Einrichtung. Eine gekonnte Lichtplanung vervollständigt das geschmackvolle Ambiente.

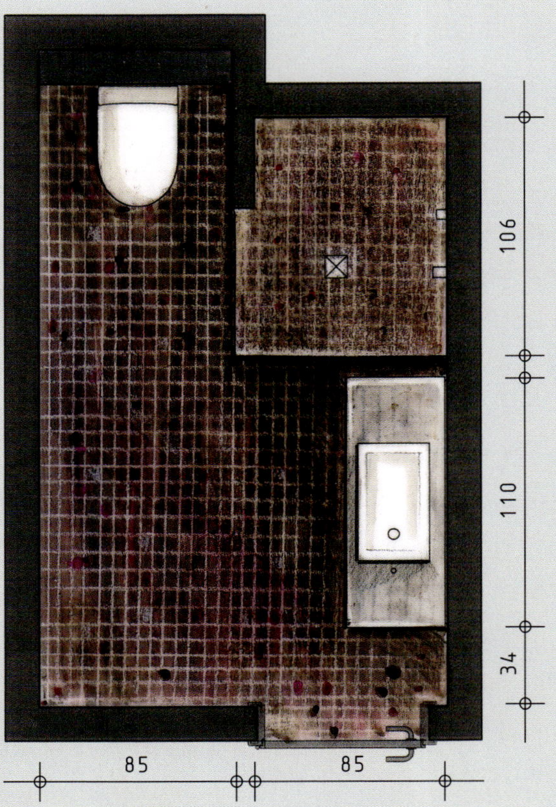

Grundriss zum abgebildeten Bad

Dunkles Glasmosaik für den ganzen Raum

Von der Schräge zum Gewölbe

Erstaunlich, was sich aus einer Dachkammer machen lässt! Die Dachschrägen wurden zu tonnenartigen Gewölben verkleidet. Der verwinkelte hintere Teil des Raumes erhält eine einheitliche Linie durch den schrägen Einbau von Wanne und Dusche, die durch ein Bullauge in der Trennwand verbunden sind.

Die in einem spitzen Winkel anschließenden Regale und Schränke formen den Übergang zum vorderen Raum, ebenso das Podest, das den Schwung des Gewölbes wiederholt und durch den unterschiedlichen Belag – Mosaikfliesen und PVC – die beiden Bereiche definiert.

Auch der Waschtischeinbau übernimmt die schrägen Linien der dekonstruktivistischen Gestaltung. Die Farbigkeit beschränkt sich auf Grau und Weiß.

Badgestaltung mit schrägen Einbauten unter dem Tonnengewölbe

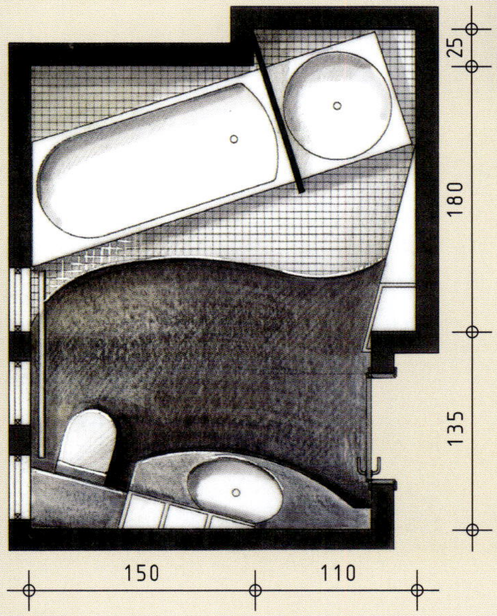

Grundriss zum abgebildeten Bad

Badezimmer mit Aussicht

In einem großen Dachraum mit total verglaster Fensterfront entstand eine Landschaft aus schwarzem Stein. Auch die Konstruktionselemente des Daches sind schwarz gestrichen. Dadurch kommen die weißen Sanitärgegenstände – der große Waschtisch und der Whirlpool – besonders zur Geltung.

Eingebaute Schränke und Schubfächer sorgen für den nötigen Stauraum. Spiegel, Duschverglasung und Fenster geben dem Raum Licht und Transparenz.

Blick aus der Dusche weit über das Land

Waschtisch mit anschließender Dusche

Die Badewanne in einer Landschaft aus schwarzem Stein

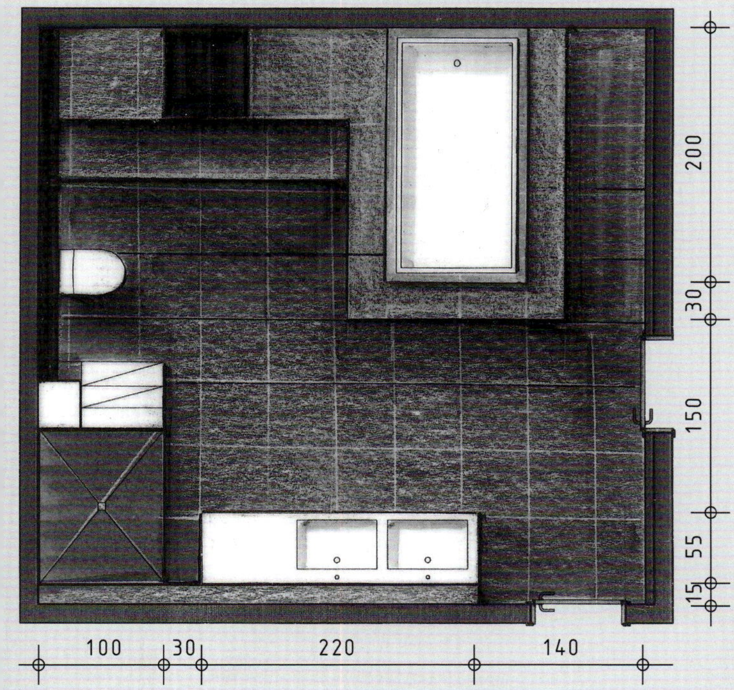

Grundriss zum abgebildeten Bad

Viel Platz unter der Dachschräge

Badewanne und Dusche wurden in diesem Raum unter die Dachschräge verlegt, um den von einem großen Dachgaubenfenster erhellten Bereich für die Inszenierung des Waschbeckens freizuhalten.

Ein deckenhoher flacher Einbauschrank hat oben verspiegelte Türen, unten sind die Anschlüsse für das Waschbecken untergebracht. Die große runde Schale des Brunnens ruht auf verchromten Rohren, in denen sich das Muster des schwarz-weiß karierten Fliesenbodens spiegelt. Hohe Leuchten zu beiden Seiten betonen die vertikale Unterteilung der Wandfläche. Zwischen Schrank und Seitenwänden gibt es Glasborde für dekorativen Kleinkram. Trotz der kühlen Farbe des Glasmosaiks schaffen Pflanzen im Terrakottakübel und lange weiße Vorhänge eine wohnliche Atmosphäre.

Grundriss zum abgebildeten Bad

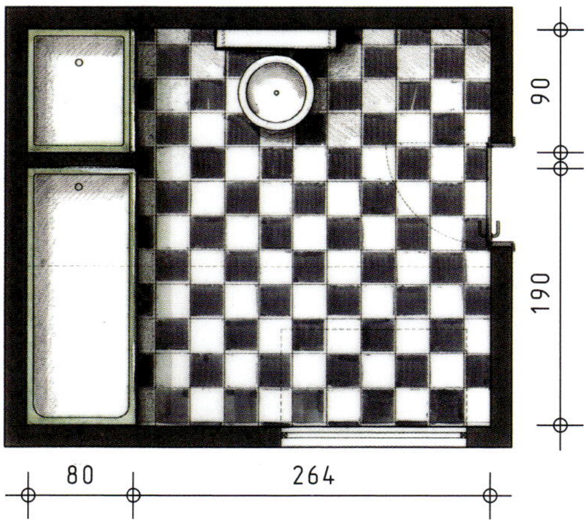

Wanne und Dusche unter der Dachschräge

Ein dekorativer Brunnen in einem Bad aus grünem Glasmosaik und schwarz-weißen Fliesen

Zusammenspiel von Solnhofer Schiefer und Granit

Auf einer Fläche von nur 9 m² mit einer den halben Raum ausfüllenden Schräge wurde ein Luxusbad eingebaut.

WC und Bidet sind durch Vormauerungen so weit aus der Dachschräge gerückt, dass sie bequem zu benutzen sind. Unter und neben dem Waschtisch sorgen Einbauschränke mit Glastüren für Stauraum.

Trotz einer Wandlänge von 2,50 m gelang es, Wanne und Dusche nebeneinander einzuordnen. Durch den seitlichen Einstieg in die Dusche wurde eine Fläche von 70 cm × 120 cm gewonnen, die ein bequemes Duschen erlaubt.

Das Bad ist mit Solnhofer Schiefer verkleidet. Akzente werden durch Streifen aus schwarzem Granit gesetzt.

WC und Bidet unter der Schräge

Geschickter Einbau von Wanne und Dusche

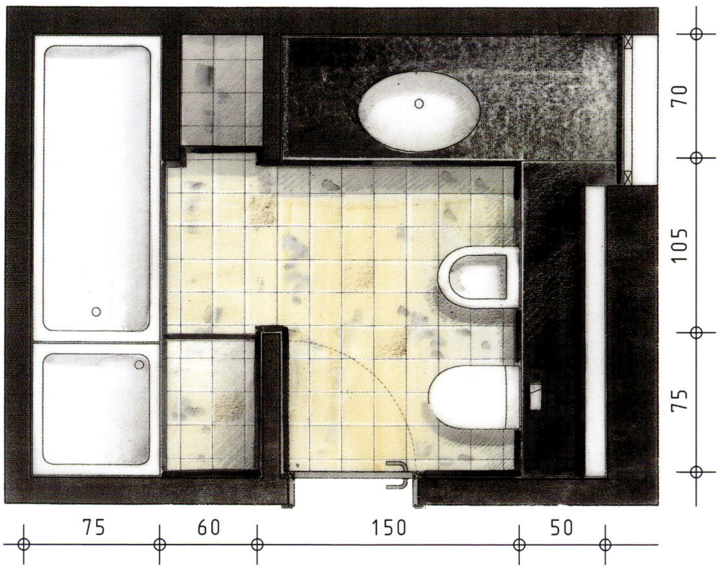

Grundriss zum abgebildeten Bad

Alle Funktionen auf kleinstem Raum

Transparentes Wellnessbad

In einem lichtdurchfluteten Penthouse wurde ein Wellnessbad in einem einzigen Material konsequent durchgeplant: Naturstein Travertin in verschiedenen Oberflächen – bruchrau, geschliffen und im Nassbereich gespachtelt. Die heute beliebte Verbindung von Schlafzimmer und Bad wird hier nicht durch einen offenen Grundriss, sondern durch Fenster in der Dusche erreicht. Durch den Duschraum gelangt man ins WC oder in die Sauna, die durch ein in die Wand eingelassenes Aquarium optisch mit dem Bad verbunden ist.

Unter der Dachschräge der Waschtisch mit hinterleuchtetem Spiegel

Die verglaste Dusche als optische Verbindung von Bad und Schlafzimmer

Zwischen Sauna und Bad ein Aquarium

Grundriss zum abgebildeten Bad

Die
Farbe Rot

In dem steilen Dach hat die Wanne den adäquaten Platz direkt unter dem Fenster erhalten. Einen besseren Platz zum Entspannen und Träumen kann man sich fast nicht denken.

Das gleißende Rot der übrigen Einbauten steht im fröhlichen Kontrast zu den weißen Wänden. Der Boden ist polierter und versiegelter Beton. Die verspiegelte Tür verdoppelt die Größe des Bades.

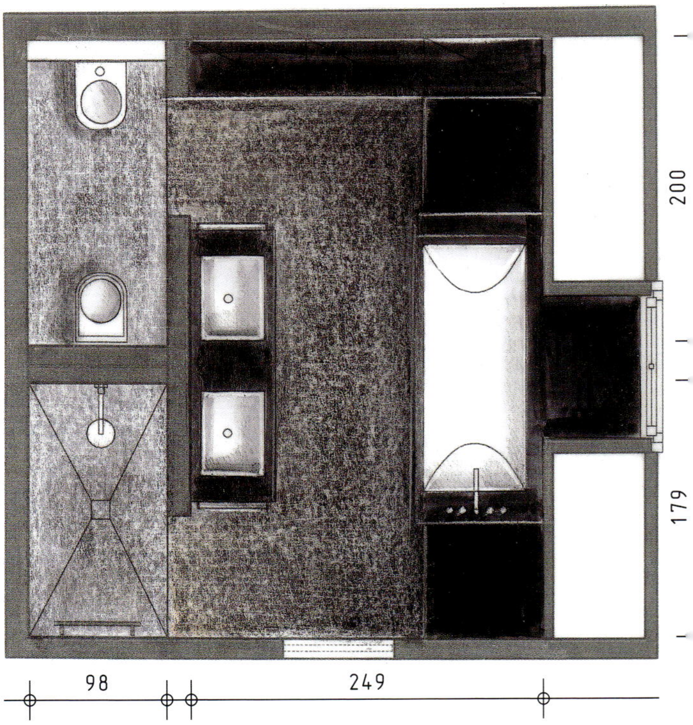

Grundriss zum abgebildeten Bad

Luxus unter der Schräge

Das Rot garantiert gute Laune.

6 Luxusbäder

Was ist Luxus?

Luxus ist Überfluss, Verschwendung, Prunksucht. Luxus ist Überfluss an Dingen, die anderen fehlen. Luxus kann man mit Geld kaufen. Luxus ist warm und reich.

Sind Dinge wie Zeit, Raum und Ruhe Luxus? Kann Einfachheit und Zurückhaltung zum Luxus werden?

In diesem Kapitel zeigen wir u.a. Bäder, die groß, prunkvoll und teuer sind und der allgemeinen Vorstellung von Luxus entsprechen.

Wir wagen aber zu sagen, dass Luxus im landläufigen Sinn leicht in Geschmacklosigkeit abgleitet. Deshalb zeigen wir auch Räume, die durch ihre Proportionen wirken, durch Licht und Luft. Deren Kostbarkeit besteht darin, dass sie, was Material, Form und Farbe betrifft, konsequent durchgearbeitet sind, stilsicher geplant und perfekt ausgeführt.

Asketischer Raum in kostbarem Material

Lebensraum Bad

Ein lichtdurchfluteter Raum in einer alten Villa wurde als Bad eingerichtet. Die Fenster an 2 Seiten des Raumes und 2 Türen zum Flur und Schlafzimmer beschränken den Platz an den Außenwänden. Die Lösung ist die Positionierung der Badewanne mitten im Raum.

Eine halbhohe Brüstung verdeckt die dahinterliegenden Räume für Dusche, WC und Bidet. Ein durchgehender Boden schafft eine optische Einheit und bietet die nötige Konstruktionshöhe für die Installation.

Warme Farben harmonieren mit den natürlichen Materialien: verputzte Wände, Sandstein für Waschbecken und Abdeckungen und ein Fußboden aus Tannen-Dielen.

Der Stil des übrigen Hauses spiegelt sich in diesem wunderbar wohnlichen Badezimmer.

Waschbecken aus Sandstein

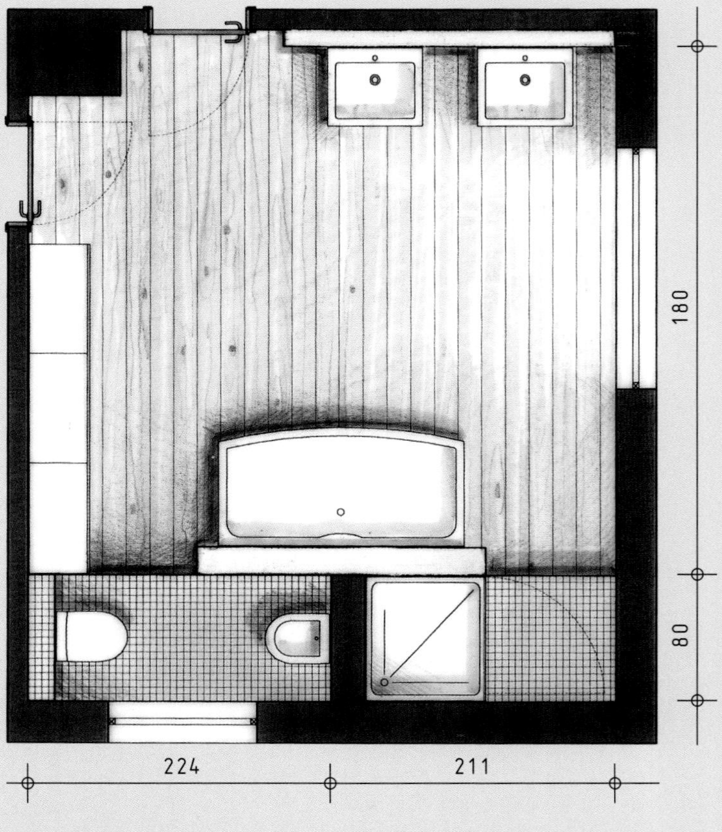

Grundriss zum abgebildeten Bad

Die Badewanne als Mittelpunkt des Raumes

Bühnenreife Inszenierung

Leicht, hell, luftig sind die Attribute dieses Bades, bei dessen Planung mit dem Platz verschwenderisch umgegangen wurde. Durch die Abtrennung von Dusche und WC war es möglich, einen völlig symmetrischen Raum zu schaffen, betont durch den großzügigen Aufgang zur Badewanne, der durch die Einfachheit seiner Linien besticht. Leuchten und Armaturen sind die sparsam gesetzten Akzente.

Die klassische Wand- und Deckenverkleidung aus lackiertem Holz harmoniert mit dem in einem strengen Raster gefliesten Boden und den Einbauten aus Carrara-Marmor.

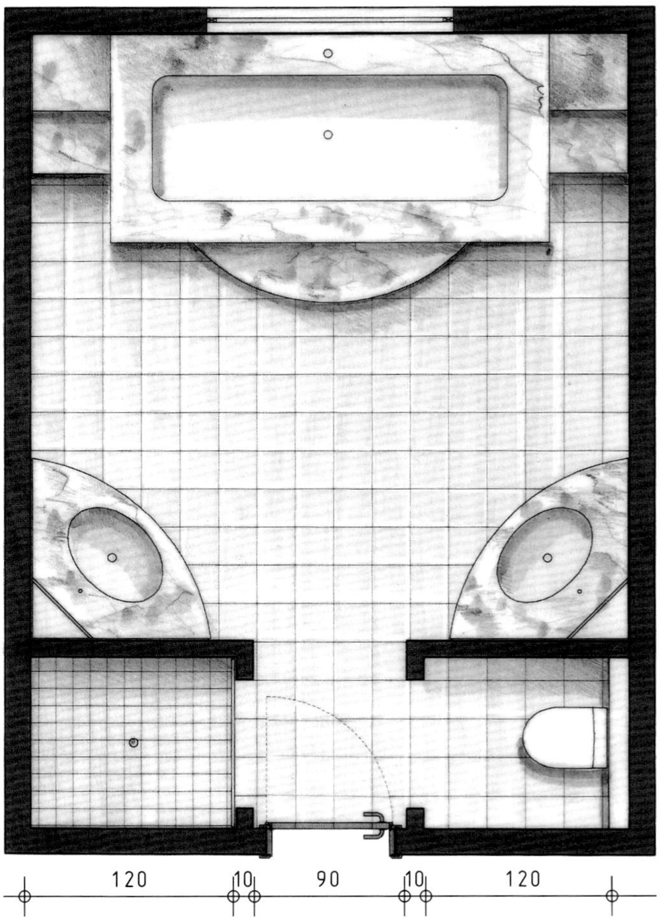

Grundriss zum abgebildeten Bad

Ein großzügiges Bad mit hellen Farben und klaren Linien

Vom Bad zum Wohnraum

Ein Wohnraum in einer großen Altbauwohnung wurde zum Bad umgebaut. Das Schwierigste war der Bodenaufbau auf den alten Balkendecken. Zum einen mussten die benötigten Sanitärleitungen neu gezogen werden und zum anderen der Boden so stabilisiert werden, dass die großformatigen Kalksteinplatten nicht reißen.

Alle weiteren Einbauten waren durch Trockenbau leicht möglich. Hinter der frei stehenden, mit rotem Glasmosaik verfliesten Wand sind das WC und die Dusche versteckt.

Das Sofa und der bordeauxrote Samtvorhang lassen das Bad leicht in Konkurrenz mit einem Wohnraum treten. Sicher entspannt man in der Wanne besser als vorm Fernseher.

Großzügige Einbauten in Kalkstein und Putz

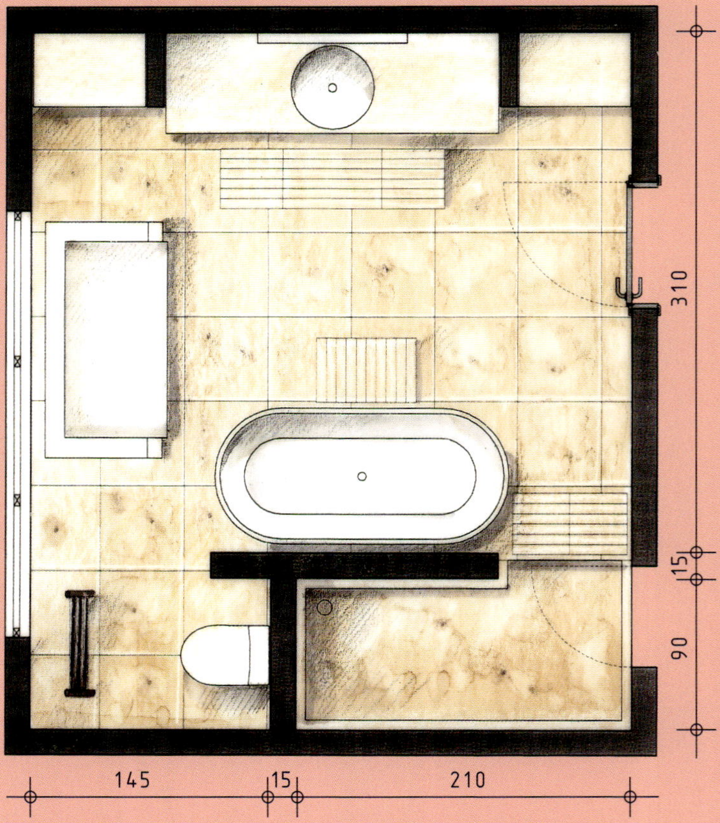

Grundriss zum abgebildeten Bad

Eine »Badeoper« in einem umgebauten Altbau

Außen-Innen-Komposition

Das Bad bezieht seine Wirkung aus dem Kontrast der warmen Holzvertäfelung und dem frischen Grün des Pflanzbeckens. Der Terrakottaboden schafft die optische Verbindung zwischen drinnen und draußen. Die wasserfest verleimten Fichtenholzplatten wurden mit hellem Flüssigwachs eingelassen, zum Schutz gegen Feuchtigkeit und Vergilben. Wichtig ist eine gute Hinterlüftung der Paneele. Die verschiedenen Ebenen der Holzpodeste erinnern an Saunaräume und laden zum Verweilen ein. Die beiden Waschtische aus verchromtem Stahlrohr bieten minimalen Platz für Waschutensilien, unterstreichen aber die heiter besinnliche Atmosphäre des Raumes.

Grundriss zum abgebildeten Bad

Helles Fichtenholz ist das Material der Podeste und Wandverkleidungen in einem luftigen Raum.

Badästhetik durch Licht und Material

Asien stand Pate bei diesem Bad in ungewöhnlichen Materialien: Bodenplatten aus großen eingeschliffenen Marmorbrocken, die Rückwand und das Podest sind aus Bambusschichtplatten, Schieberahmen bieten Sichtschutz und verschwinden bei Bedarf hinter der Bambuswand. In seiner Strenge strahlt das Bad eine unendliche Ruhe aus, hier besinnt man sich auf das Wesentliche.

Grundriss zum abgebildeten Bad

Weniger ist mehr für diesen Ort der Entspannung.

Noblesse oblige

Säulen, Profile, Bögen, warme Farben spiegeln den Glanz vergangener Epochen wider.

Das Bad ist eine hervorragende Steinmetzarbeit aus Travertin und schwarzem, kräftig geadertem Marmor. Wanne und Dusche sind in Nischen eingelassen, die durch Säulen gerahmt sind; auch der Waschtisch wird durch Säulen betont. Kräftige Marmorprofile verbergen das indirekte Deckenlicht, das zusätzlich für eine schmeichelnde Stimmung sorgt.

Ein Bad zum Wohlfühlen und ein Traum für Viele.

Ovale Marmorstufe vor der Badewanne

Grundriss zum abgebildeten Bad

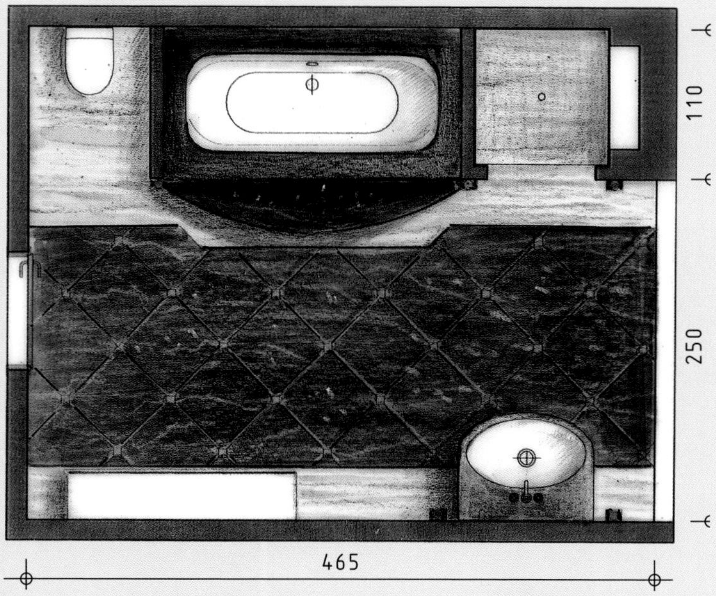

Der klassische Charme alter Zeiten

Eine Hommage an die Belle Époque

In die Zeit der Jahrhundertwende versetzt uns das Design dieses nostalgischen Bades. In unserer Tageshektik können wir hier die perfekte Harmonie genießen und einen Moment innehalten, um zu träumen. Die Sehnsucht nach der »guten alten Zeit« spiegelt dieses Bad wider.

Leise wird es in diesem Raum zugehen, das Licht ist gedämpft. Der Ausblick geht in einen wunderbaren Park. Im Winter wird der Kamin wohnliche Wärme verströmen. Ein Paravent schützt die Intimsphäre. Der Sessel lädt zum Plaudern, zum Philosophieren ein.

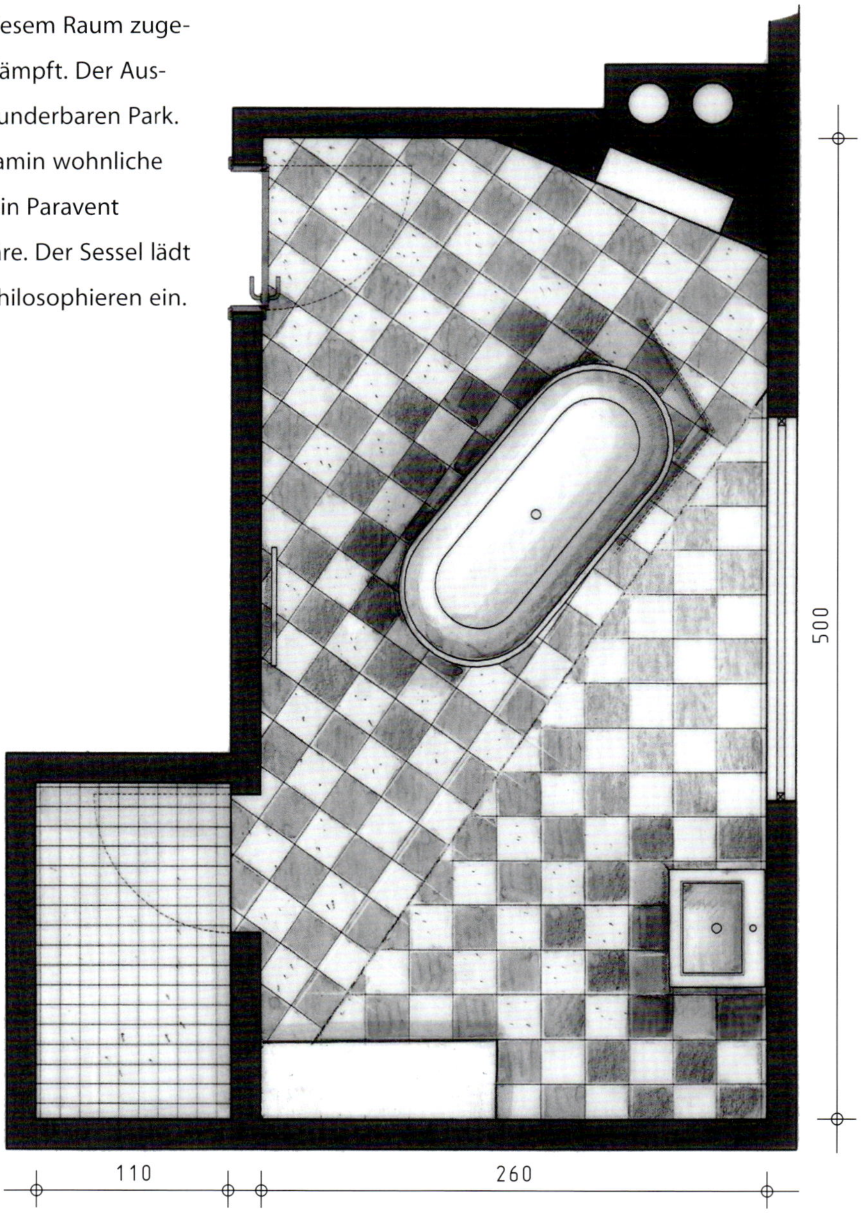

Grundriss zum abgebildeten Bad

Baden wie in einem Schloss

Die Badewanne bildet den Mittelpunkt.

Die frei stehende Wanne wird durch ein Podest hervorgehoben. Dieser Platz dient der Entspannung.

Der mit Glas hermetisch verschlossene Duschraum bietet durch diverse eingebaute technische Funktionen Massage und Sauna. Hier kann man sich einer fast japanischen Körperreinigung hingeben, um dann die mit heißem Wasser gefüllte Wanne wie einen Jacuzzi zu benutzen.

Das durchgängige Material in diesem Bad ist ein Kalksandstein. Die Wanne, Waschschüsseln, der Boden, Wände und die gesamte Dusche bestehen aus dem gleichen Stein.

Ruhe, Zeitlosigkeit und Eleganz kennzeichnen dieses Bad.

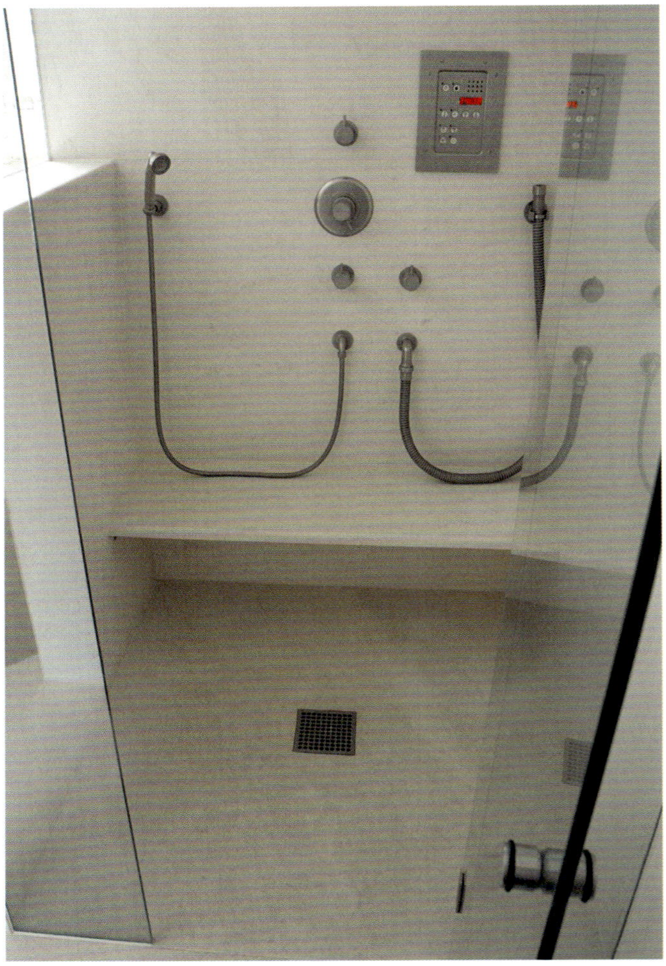

Blick in die Hightech-Dusche

Grundriss zum abgebildeten Bad

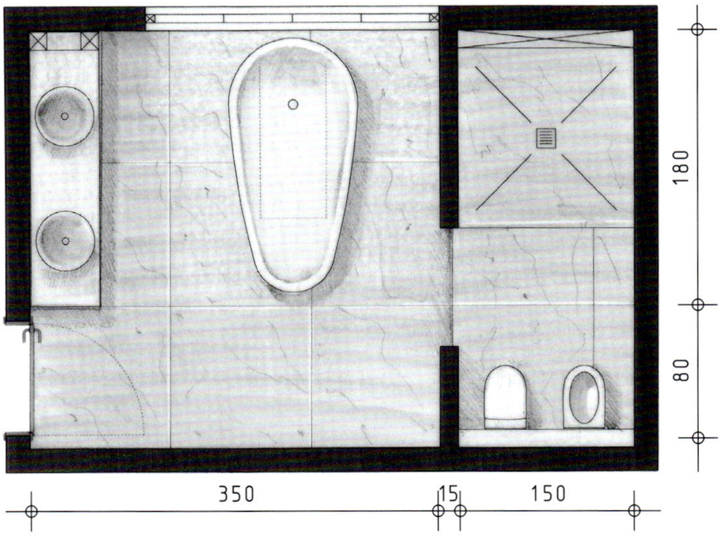

WC und Bidet in der Nische

Die ovale Wanne beherrscht den Raum.

Entspannung unterm Sternenhimmel

Unterm Dach leuchten die Sterne: vor der bis unters Dach reichenden Fensterfront – in schwarzem Stein eingelassen – die Badewanne. An der gegenüberliegenden Seite verbergen sich hinter dem Waschtisch mit verspiegelter Rückwand Sauna und Dusche. An den Seiten befindet sich das WC und ein großzügig eingebauter Stauraum. Bei Tag lichtdurchflutet, verbreitet der Raum am Abend eine wunderbar behagliche Stimmung.

Badewanne vor der Fensterfront

Der Waschtisch verbirgt den größten Teil der Sauna und der Dusche.

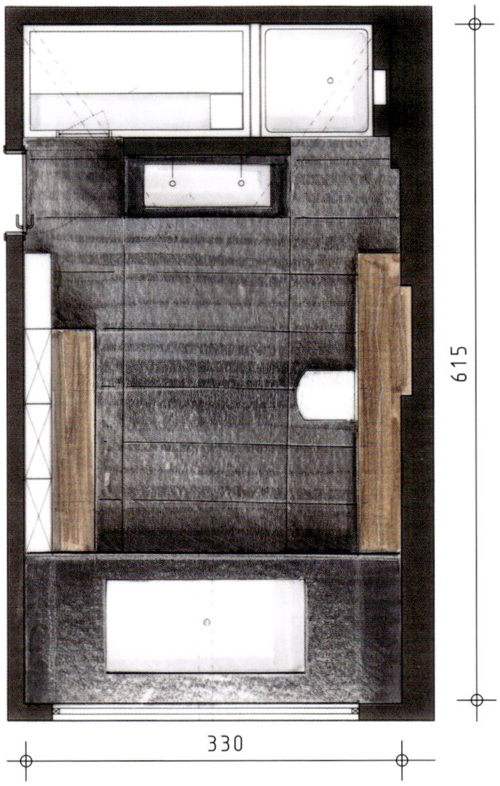

Grundriss zum abgebildeten Bad

Seitlich der großzügige Stauraum

Opulentes Bad in Schwarz

Viel Platz, viel Licht, viel Luxus. Wer möchte nicht in diesem großzügigen Bad ein Glas Champagner unter dem Sternenhimmel genießen?

Die große Wanne in der Raummitte, mit Sitzecke und Kissen ist immer noch der Inbegriff von Luxus. Edle Waschtische und eine ungewöhnliche Dusche in runder Form ergänzen die runde Wanne perfekt. Hier wird das Baden inszeniert.

Ungewöhnlich ist auch der Bodenbelag. Gefliest wurde nur in den Nassbereichen, der restliche Boden wurde mit schwarzem Teppich belegt. Durch den konsequenten Schwarz-Weiß-Kontrast der Einrichtung wirkt das opulente Bad trotzdem nicht überladen.

Wellnessbad konsequent in Schwarz-Weiß

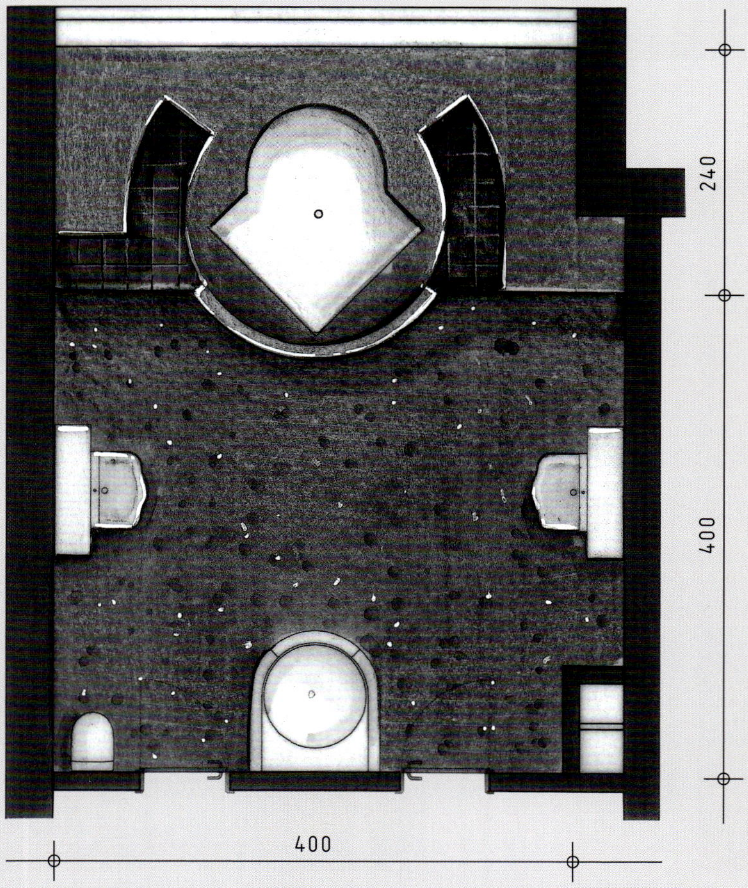

Grundriss zum abgebildeten Bad

Ein avantgardistisches Krokobad

Im Zuge einer Komplettrenovierung wurde dieses Bad im »Gucci-Stil« neu geplant. Die Besonderheiten dieses Bades sind die außergewöhnlichen Krokofliesen aus Feinsteinzeug, eine frei stehende Holzwanne sowie der maßangefertigte schwarze Glaswaschtisch mit Unterbaubecken. Auch auf Design-Heizkörper und Spiegelschränke mit TV- und Hi-Fi-System wurde hier nicht verzichtet.

Die klare, strenge Aufteilung des Raumes sowie die Farbe Schwarz lassen die besonderen Materialien sehr gut zur Wirkung kommen und verbreiten einen Hauch von Luxus und Glamour.

Grundriss zum abgebildeten Bad

Im Mittelpunkt des Raumes: die avangarditische Wanne

Ein Bad auf einer Insel im Mittelmeer

Ein großer Raum in einem alten Bauernhof wurde zum Bad ausgebaut. Auf rustikalen Eichendielen steht die Wanne aus dunklem Kunststein im Mittelpunkt. Axial zur Wanne steht der Doppelwaschtisch. Ein Unterschrank bietet genügend Stauraum.

Dusche und WC sind durch satinierte Glaswände vom übrigen Bad getrennt. Der Boden ist hier hell verfliest.

Da der Raum fensterlos war, wurde zu einem Hilfsmittel gegriffen: Die grün leuchtenden »Fenster« sind mit Schilf eingelegte Glasnischen.

Man hat die Anmutung, in einen verwunschenen Garten zu schauen.

Tageslichtstimmung durch hinterleuchtete Nischen

Wanne aus Kunststein

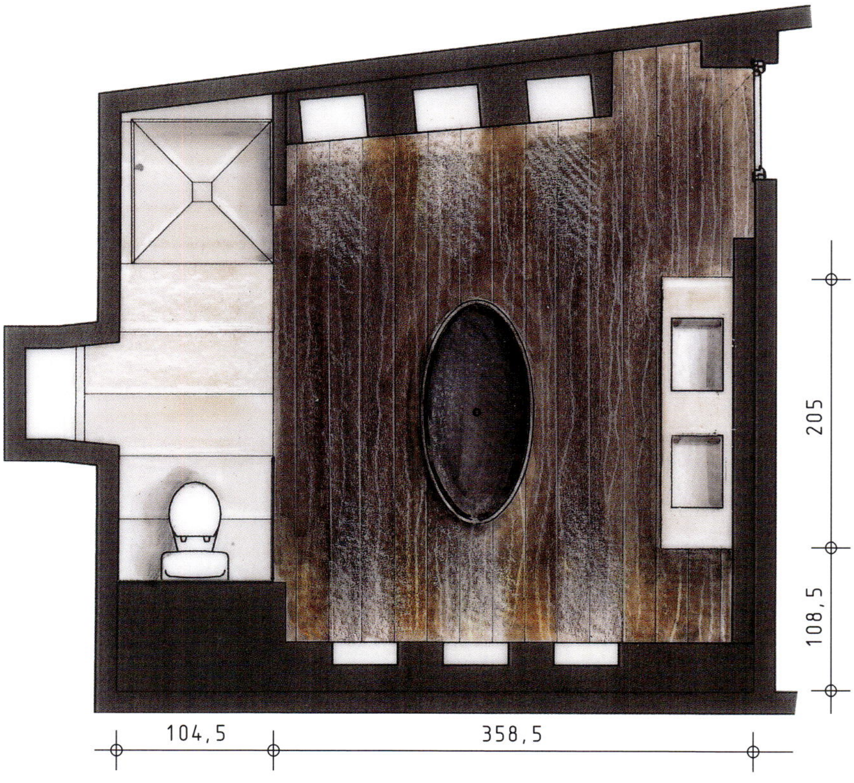

Grundriss zum abgebildeten Bad

7 Umbauten

Das Bad ist heute aus seiner untergeordneten Rolle als Nasszelle herausgewachsen und soll mehr zu einem behaglichen Aufenthaltsraum aufgewertet werden. So geht man bei Renovierungen oft von der Überlegung aus, ob der ursprünglich vorhandene Raum vergrößert werden kann.

Manchmal werden kleinere Wohnungen zusammengelegt, so kann man Platz gewinnen für ein größeres Bad. Oder man schlägt dem Bad ein separates WC oder Teile benachbarter Räume zu. Auch anderweitig genutzte Zimmer können zum Bad umfunktioniert werden, wenn die Installationsanschlüsse stimmen. Wir haben zu den verschiedenen Möglichkeiten prägnante Beispiele zusammengestellt.

Beim Umbau von schönen Altbauten oder beim Ausbau von aufgelassenen Fabrikgebäuden werden oft sehr schöne Mauern und Dachstühle freigelegt. Dann stellt sich die Frage, ob man nicht teilweise den Rohbau erhalten und nur die nötigsten Einbauten vornehmen soll. Der Charme solcher Räume kann auch durch den perfekten Ausbau nicht erreicht werden.

Klassisches Bad in rohem Mauerwerk

Viel neuer Stauraum

Blick über die Wanne zur Dusche

Ein großes Bad mit wenig Stauraum sollte mehr Pfiff und Platz bekommen. Dazu wurde, um größere Umbauarbeiten zu vermeiden, nur der Waschtisch in die Raummitte verlegt. Der Waschtisch wurde so durch das neue große Aufsatzwaschbecken und die Marmorplatte zum Blickfang und Raumteiler zugleich.

Eine zusätzliche Vormauerung vor der alten Waschtischwand schaffte Platz für Nischen und ermöglichte ein leichtes Verziehen der Leitungen. Neue Marmorboden- und Wannenbeläge sowie die Glaswand der Dusche machen das neue Ambiente perfekt.

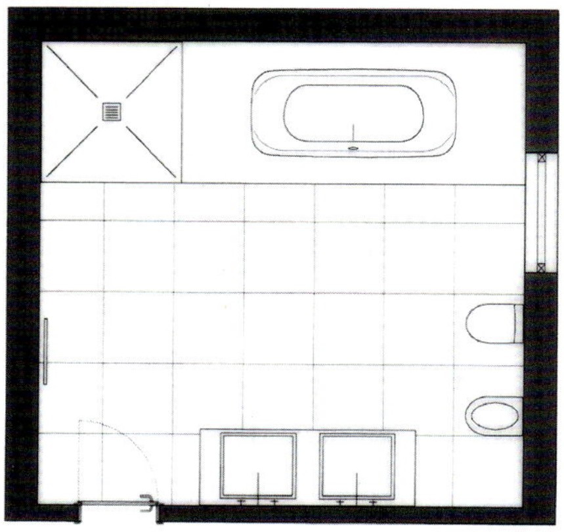

Grundriss vor dem Umbau

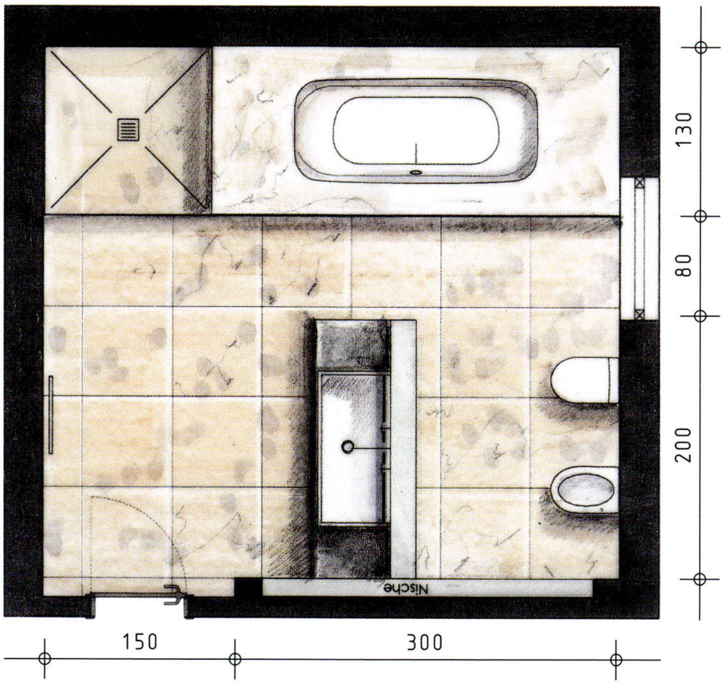

Grundriss nach dem Umbau

Der quer gestellte Waschtisch gliedert den Raum.

Das WC hat einen Extraraum.

Durch die totale Umstellung aller Sanitäreinbauten ist ein wohlgegliedertes neues Bad entstanden.

Die sanitären Anschlüsse sind in der neu gemauerten, T-förmigen Wand verlegt. Durch diese Maßnahme bekommen das WC und die Dusche einen Extraraum.

Der Waschplatz steht im Mittelpunkt und ist die Visitenkarte des Bades. Die Wanne ist in die Nische gerückt, die früher der WC-Raum war.

Die zurückhaltende Farb- und Materialwahl: Beige Steinzeugplatten für Wand und Boden, eine dunkelbraun lackierte Mittelwand und ein doppelter Mosaikstreifen, der beide Farben verbindet, lassen das Bad größer erscheinen.

Die Wanne hat einen Extraraum

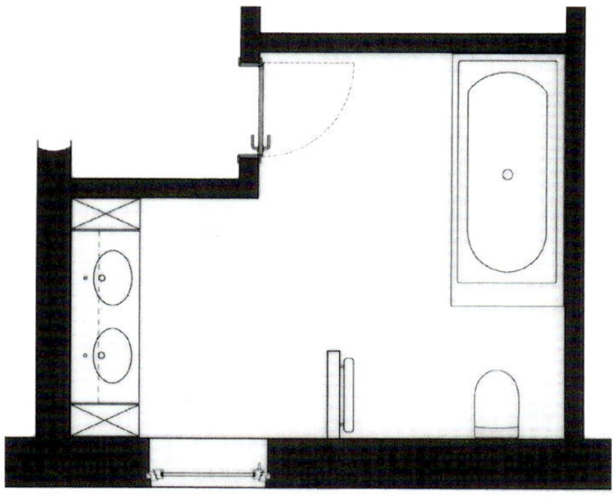

Grundriss vor dem Umbau

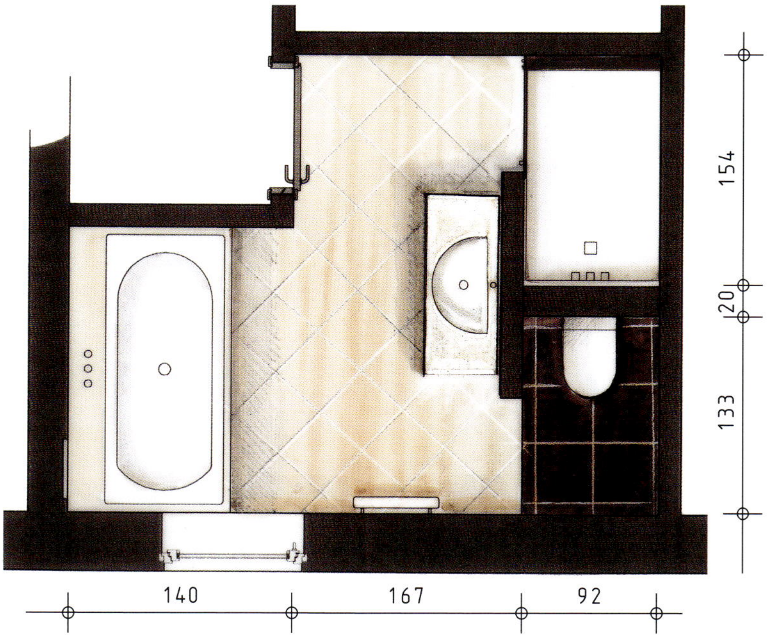

Grundriss nach dem Umbau

Der Waschplatz als Mittelpunkt

Form und Funktion im Gleichklang

Zusammenlegung von Bad, WC und Vorraum – Ausgangslage: ein Bad mit großem Fenster, Badewanne an der Längswand, daneben die Waschmaschine, gegenüber ein frei aufgestellter Doppelwaschtisch, ein WC-Raum mit kleinem Waschbecken, ein kleiner Vorraum. Die Aufgabe war, alle Räume zusammenzulegen, mit der Forderung nach gesonderter Dusche, viel Stauraum und einer Waschmaschine mit separatem Trockner.

Da die Fußbodenheizung vorhanden war, konnte die Wanne quer vor das Fenster gestellt werden. Dusche und WC kamen in den Vorraum.

In der Mitte blieb ein zentraler Bereich, in den auf der einen Seite ein verspiegelter, in die Tiefe gestaffelter Schrank für die Maschinen und sämtliche Badutensilien eingeplant wurde, auf der anderen Seite ein dekorativer Waschtisch. An den Wänden weiße Fliesen mit Dekorborte, auf dem Boden schwarz-weißes Karo.

Die Badewanne, quer vor dem großen Fenster, verkürzt den Raum.

Grundriss nach dem Umbau

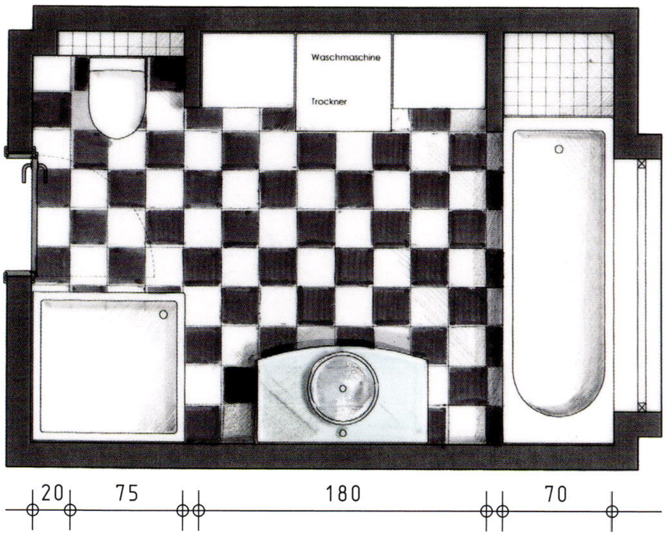

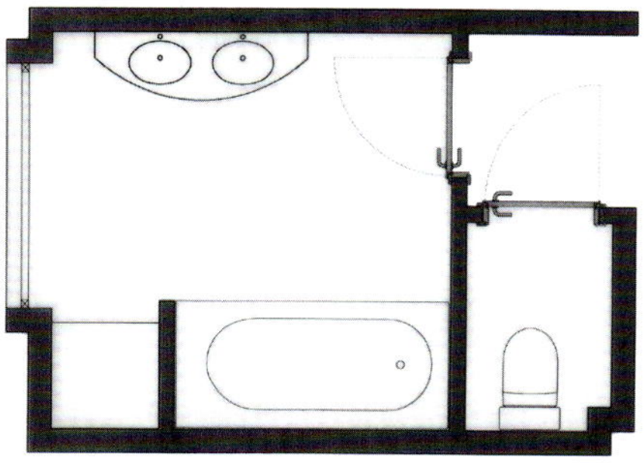

Grundriss vor dem Umbau

Der Waschtisch aus geätztem Glas setzt den farbigen Akzent.

Marmor und Steinzeug kombiniert

Ein schlecht genutztes L-förmiges Bad und das separate WC sollen zusammengelegt werden.

Die Dusche findet Platz im WC-Raum, der durch einen Türdurchbruch geöffnet wird. Die Verlegung der Bad-Tür schafft eine große Nische, in der die Eckbadewanne durch schräg angelegte Podeste und 2 Treppenstufen ihren eigenen, gesondert gestalteten Raum erhält. Die Wand mit den beiden Fenstern ist durch Einbauschränke genutzt. Um genügend Einbautiefe zu erhalten, wurden die Heizkörper aus den Fensternischen entfernt. Den Kontrast zu den vielen Einbauten bildet ein frei stehendes klassizistisches Waschbecken.

Heller Carrara-Marmor und schwarze Steinzeugfliesen sind die durchgängig verwendeten Materialien.

Blick über die Badewanne auf den Waschtisch

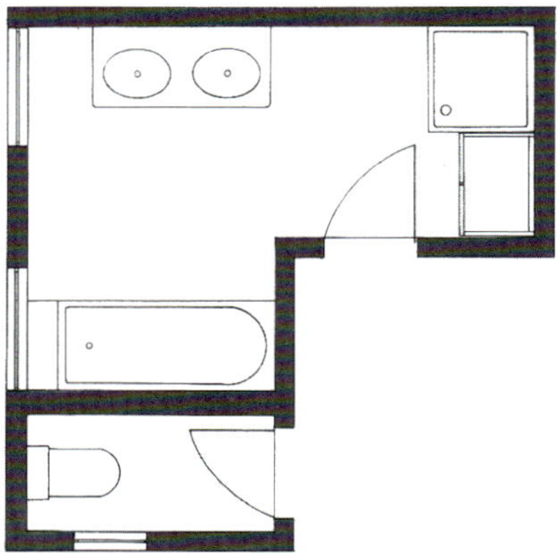

Grundriss vor dem Umbau

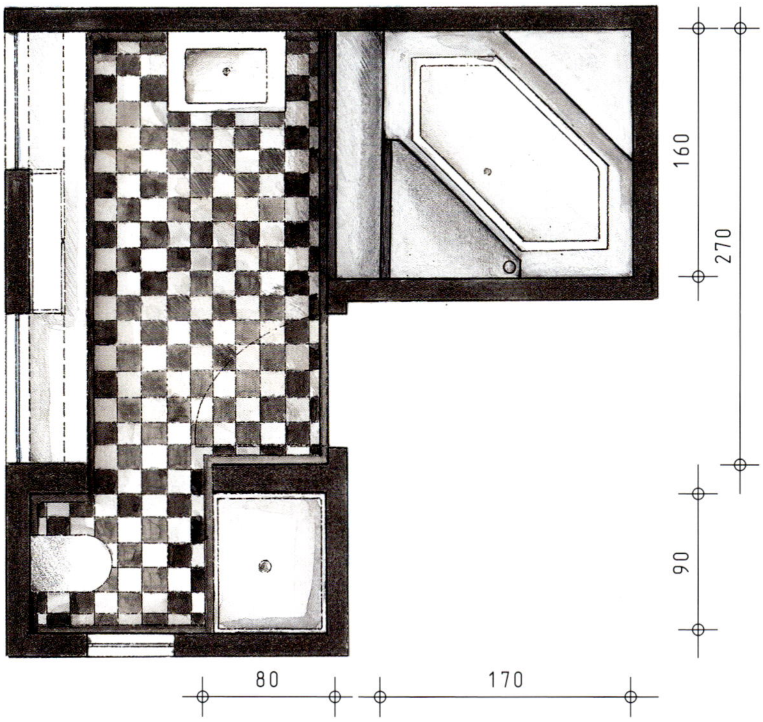

Grundriss nach dem Umbau

Nische mit diagonal eingebauter Eckbadewanne

II
Planungshilfen

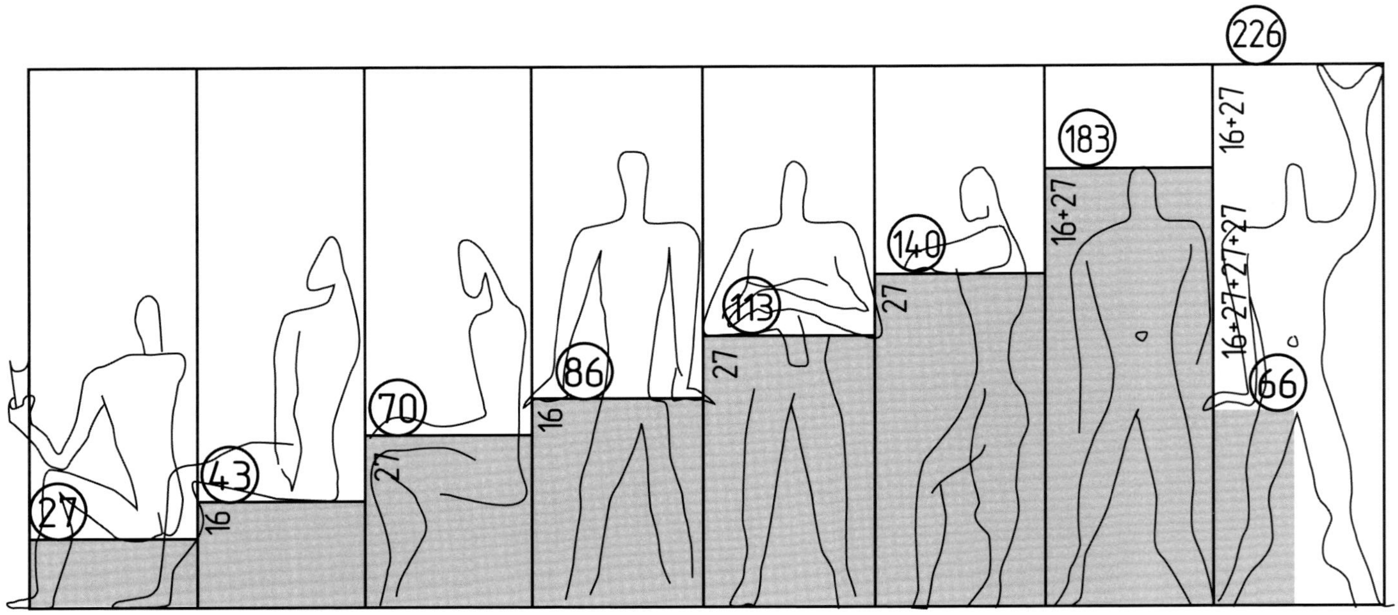

»Modulor« nach Le Corbusier

1
Maße

Der Mensch ist das Maß aller Dinge.

Berühmte Künstler und Architekten haben um den menschlichen Körper ein allgemein gültiges Maßsystem gelegt. Wir denken dabei sofort an den »Kanon der Proportionen« von Leonardo da Vinci oder den »Modulor« von Le Corbusier.

Für unsere Untersuchungen von Abstands- und Höhenmaßen im Bad gehen wir von Stellungen und Bewegungen an den einzelnen Sanitärobjekten aus.

Nun sind nicht alle Menschen gleich groß. Kleine Personen sind nicht so sehr im Nachteil wie übergroße, da in allen Bereichen ja auch auf Kinder Rücksicht genommen wird.

Wir nehmen als Mittelmaß eine Körpergröße von 1,80 m an. Wer sehr viel größer ist, muss bei der Badplanung die angegebenen Maße für sich ändern, aber daran sind Übergroße meist gewöhnt.

Bewegungsraum

Für die einzelnen Sanitärobjekte sind aus Erfahrung bestimmte Höhenmaße festgelegt, auf die auch die vorgefertigten Installationsbausteine Rücksicht nehmen.

Die Höhen können um ca. 5 cm nach oben oder unten differieren. Die Abstände zwischen den Objekten sollten für optimalen Benutzungskomfort eingehalten werden.

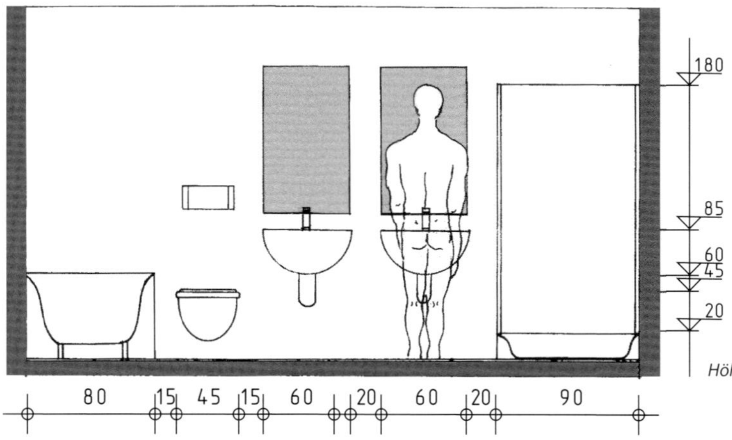

Höhen- und Breitenmaße

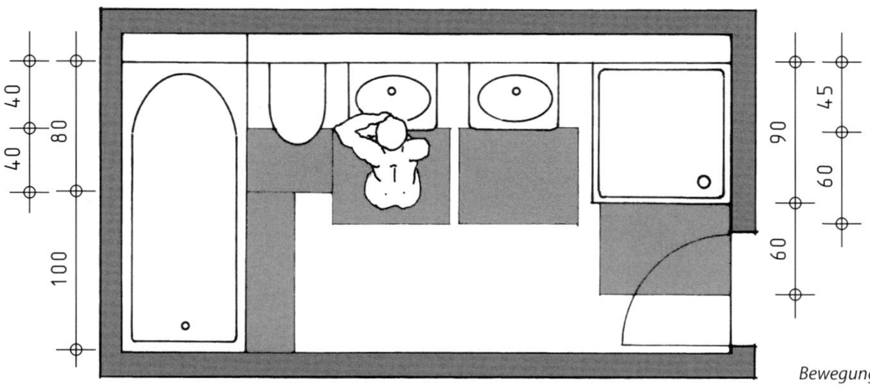

Bewegungsräume

Dachschrägen

Beim Ausbau von Dachräumen und in Einfamilienhäusern liegen die Bäder oft unter der Dachschräge. Betrachtet man den Grundriss, ist man begeistert von der Größe des Raumes. Wenn die Planung fortschreitet, merkt man dann, dass die Grundfläche nicht voll zu nutzen ist. Zwar gibt es meist 1 oder 2 gerade Wände, die man aber für das Waschbecken mit dem Spiegel nutzen will. Badewanne, WC und eventuell Dusche müssen unter die Schräge.

Wir haben für 3 gängige Dachneigungen untersucht, wie viel Platz man opfern muss, um eine bequeme Nutzung zu ermöglichen. Die Höhe des Kniestocks sollte 1 m nicht unterschreiten.

WC

Für die Nutzung des WCs ist der Platzbedarf maßgebend, den man für die sitzende und stehende Position einhalten muss. Durch den Einbau des Spülkastens rückt bei flacher Dachneigung die Abmauerung weiter in den Raum.

Platzbedarf bei verschiedenen Dachneigungen

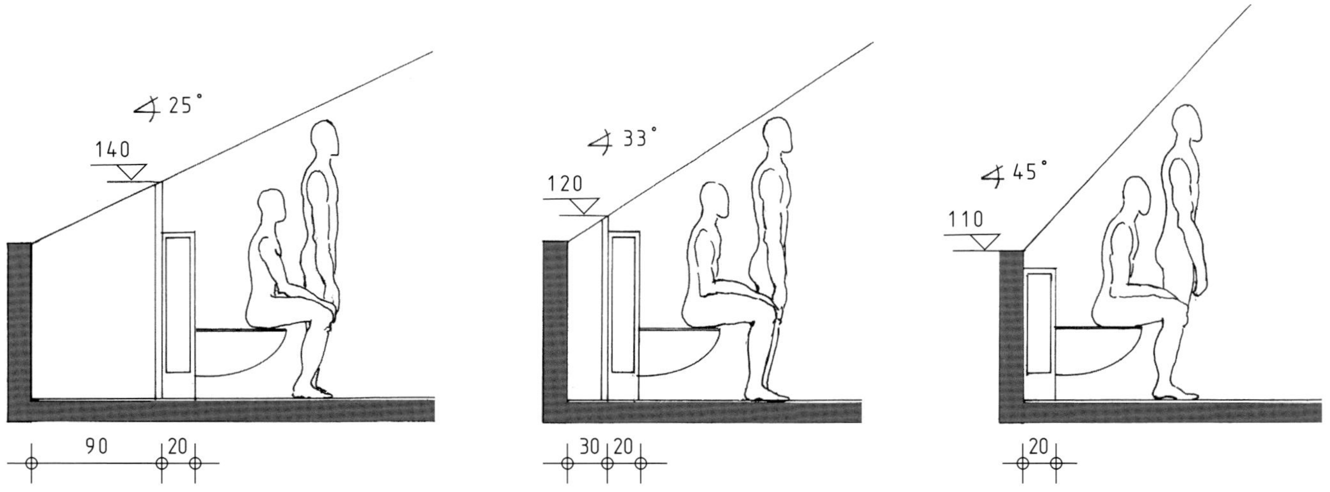

Dusche

In der Dusche sollen über dem Kopf des Benutzers ca. 20 cm Platz sein, damit der Kopf geduscht werden kann. Daraus ergibt sich eine Mindesthöhe an der Rückseite der Duschtasse, die je nach Dachneigung variiert.

Eckige Duschabtrennungen können an die Schräge angeglichen werden, kreisförmige können nur eine durchgängige Höhe haben und müssen entsprechend in den Raum gerückt werden.

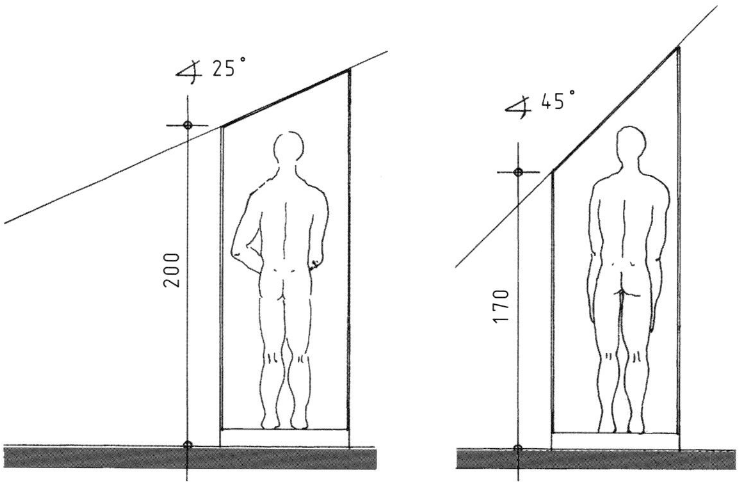

Mindesthöhen für Duschen

Badewanne

Für alle angegebenen Dachneigungen kann die Wanne mit der Schmalseite an die Außenwand gestellt werden, wenn sie eine Mindestlänge von 1,60 m hat. Soll parallel zur Wand möbliert werden, sind die in der Zeichnung angegebenen Abstände einzuhalten. Das bequeme Aussteigen und das Stehen vor der Wanne müssen garantiert sein.

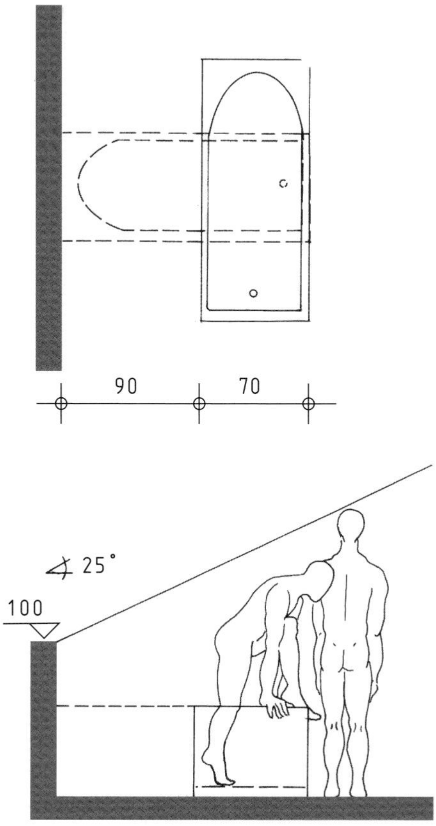

Wanne unter einer Dachneigung 25°

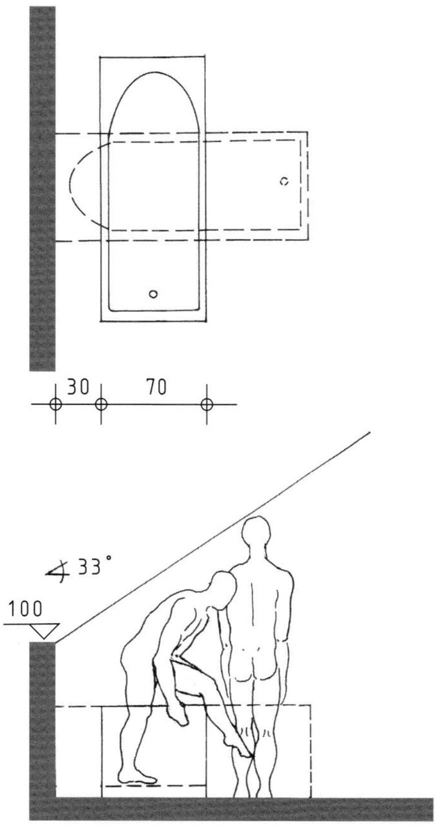

Wanne unter einer Dachneigung 33°

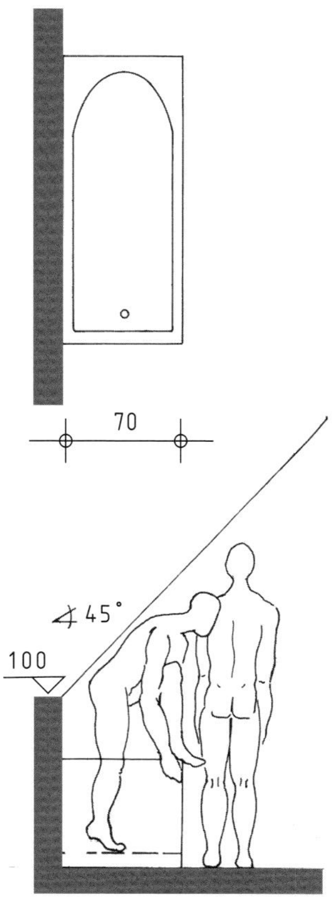

Wanne unter einer Dachneigung 45°

Barrierefreie Bäder

Um den dritten Lebensabschnitt selbstbestimmt genießen zu könnten, sollten bei einer Badplanung einige Punkte berücksichtigt werden, damit das Bad auch für die nächsten 20 Jahre allen Ansprüchen gerecht wird.

Der Waschplatz ist besonders wichtig, weil man sich auch im Sitzen waschen und sehen sollte.

Das Becken wird minimal niedriger als üblich angebracht (82,5 statt 85 cm). Es muss genügend Beinfreiheit vorhanden sein (30 cm), um sich bequem von einem Stuhl oder Rollstuhl aus zu waschen.

Der Spiegel wird auf 100 cm Höhe angebracht und leicht geneigt, dann kann man sich auch im Sitzen sehen. Eine Alternative ist ein niedrig montierter Extraspiegel.

Einen gut durchdachten Waschtisch zeichnet Folgendes aus (siehe Abbildung unten links):

1. ergonomische Beckeneinbuchtung,
2. Armauflagen mit weichem Übergang in das Becken,
3. Greifreling zum Heranziehen und Festhalten,
4. Schwallrand, damit kein Wasser überschwappt,
5. hintere Wischleiste, hygienisch und leicht zu reinigen.

Beim WC sollte man ein paar Zentimeter mehr Höhe einplanen, das Aufstehen wird dadurch enorm erleichtert. Griffleisten links und rechts vom WC helfen zusätzlich. Wer auf einen Rollstuhl angewiesen ist, sollte ein WC mit 70 cm Ausladung wählen, um seitlich vom Rollstuhl übersetzen zu können. Die Industrie bietet WCs in dieser Tiefe oder es gibt für fast alle Modelle einen Adapter.

Statt einer Wanne sollten Sie ab einem bestimmten Alter lieber eine Dusche planen, da man eigenständig nicht mehr in oder aus einer Badewanne kommt. Der Einstieg wird ebenerdig geplant, um keine Schwelle überwinden zu müssen. 90 cm x 90 cm Platz sind nötig, um mit dem Rollstuhl wenden zu können. So schön und hygienisch Glastüren zur Abtrennung auch sind – Rollstuhlfahrer können sie nur schwer öffnen. Mit viel Geld lässt sich ein elektrischer Öffner einbauen, alternativ ist ein Vorhang bewegungsfreundlicher.

Ergonomische Haltegriffe am Waschbecken, WC und ganz besonders in der Dusche verhindern das Ausrutschen und geben zusätzliche Sicherheit

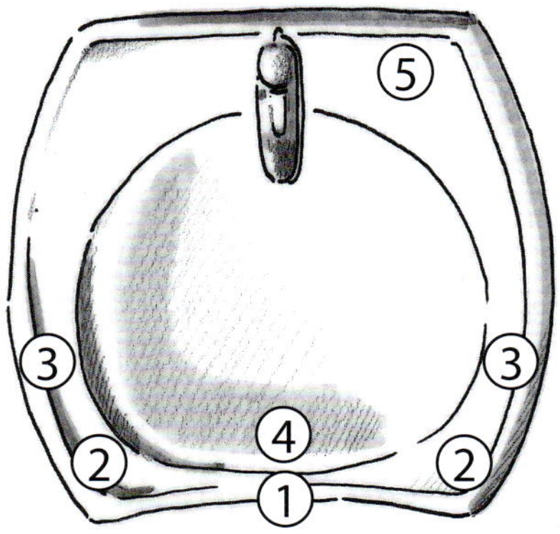

Funktionen der Waschtischoberfläche

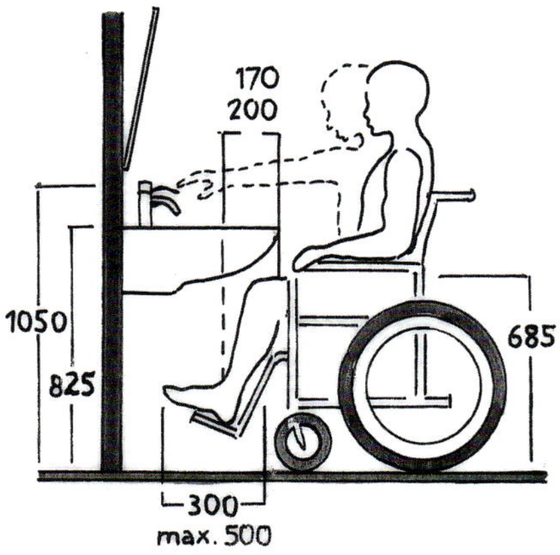

Maßvorgaben am Waschtisch

Weit ausladendes WC

Ein kleines Duschbad, das Mobilität garantiert

Das Bad hat eine Schiebetür, um Rollstuhlfahrern das Öffnen zu erleichtern. Zur Dusche führt eine Schwingtür, an der linken Wand befindet sich ein elektrischer Schalter zum Öffnen der Tür. Ohne elektrischen Türöffner ist ein Duschvorhang einer Tür vorzuziehen. Der ebenerdige Einstieg in die Dusche ist 100 cm breit. Der gesamte Duschraum misst 100 cm x 180 cm; ein Rollstuhlfahrer kann sich darin mühelos bewegen. Der Winkelgriff in der Dusche ermöglicht es, sich auf die gemauerte Bank zu setzen. Statt einer Bank könnte auch ein fest montierter Kunststoffsitz an der Wand befestigt werden.

Am WC sind Stützhalterungen und am Waschbecken eine Halterung für Gehhilfen angebracht.

Der Spiegel hat einen Kippmechanismus: Man kann sich im Sitzen sehen.

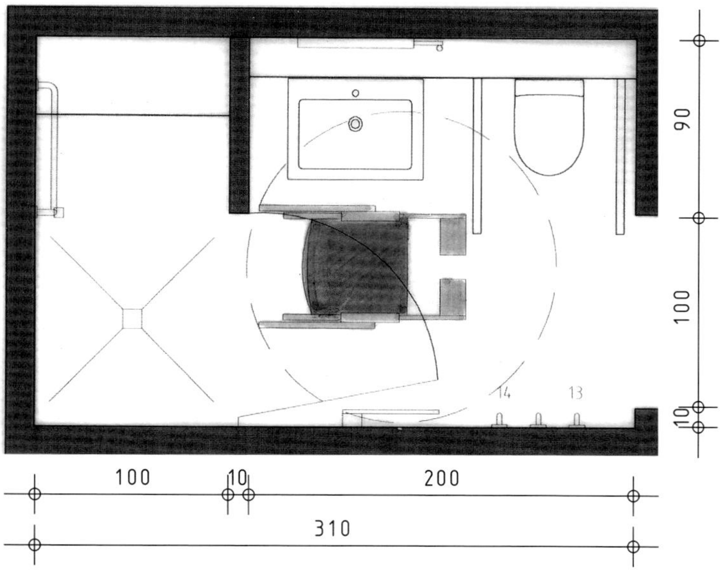

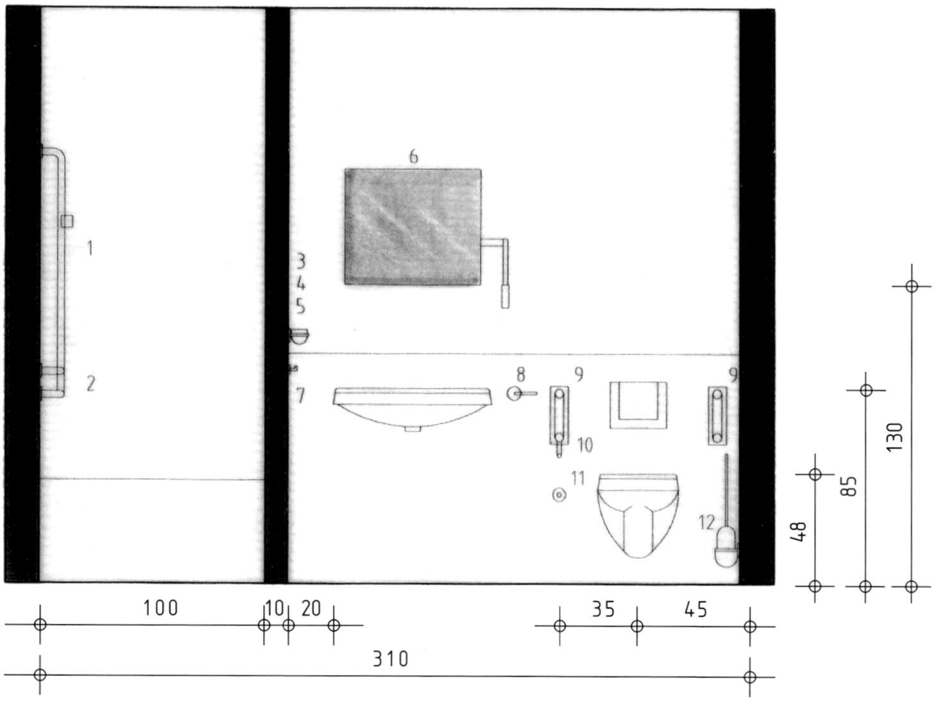

1 und 2: Winkelgriff mit Brausehalter und Ablage
3, 4 und 5: Haken, Seifenschale und Zahnputzbecher
6: Kippspiegel mit Hebel
7: Einzelhaken
8: Gehhilfenhalter
9 und 10: Klappstützgriffe, drehbar, mit Papierhalter
11: Reservepapier
12: WC-Bürste
13: Einzelhaken

2
Installation

Sanitärbausteine und Vormauerungen

Wenn wir ein Bad planen, finden wir selten die idealen Voraussetzungen für die Anschlüsse der Sanitärobjekte. Nur bei Neubauten können wir die Installationen nach unseren Wünschen gestalten, die Rohre in die Wände verlegen oder im Geschossbau eigene Versorgungsschächte planen. Bei Umbauten oder im Altbau haben wir die Möglichkeit, mit Vorwandinstallationen zu arbeiten. Ohne Fliesen abschlagen und Wände aufstemmen zu müssen, können Leitungen dahin verlegt werden, wo sie gebraucht werden. Dadurch wird gleichzeitig eine gute Schalldämmung erreicht. Die Industrie bietet beliebig kombinierbare Bauelemente an, die als Ständerwerk vor die Wand gesetzt werden und neben sämtlichen Leitungen und Anschlüssen auch die Spülkästen aufnehmen.

Da man im Bad nie genug Ablagefläche hat, empfiehlt es sich, die Oberkante der Elemente als Stufe an der Wand auszubilden. Besonders im Bereich des Waschbeckens bietet sich diese Lösung an. Die meisten Elemente haben eine einheitliche Höhe von 1,10 m. Diese Höhe als Proportionsteilung für die normal hohe Wand (2,50 m) ist aber nicht sehr zufriedenstellend. Für das WC gibt es ein Element mit Druckspülung von oben, das eine Einbauhöhe von 85 cm erlaubt. Da das WC das einzige Sanitärelement ist, für das wir den Installationsblock unbedingt brauchen (ein WC mit Spülkasten sehen wir nur als Notlösung), können wir das Waschbecken auf herkömmliche Weise installieren und erhalten so eine durchgehende Ablagehöhe von 85 cm.

Dusch- und Bidetelemente sind so hoch, dass wir sie besser völlig in die Wand integrieren, zumal sich damit im Duschbereich Raumteiler ausbilden lassen.

Wir sehen häufig, dass Elemente mit verschiedenen Höhen und Tiefen wahllos je nach Bedarf vor der Wand verteilt werden und dadurch ein wildes Durcheinander von Ecken und Kanten entsteht. Wir müssen versuchen, durch gute Planung die Installationsblöcke einem gestalterischen Gesamtkonzept unterzuordnen.

Vor der Mauer ausgeführte Installationen mithilfe eines Sanitärblocks

Waschbecken und WC als Installationseinheit: Der WC-Baustein mit Druckspülung von oben gibt mit einer Höhe von 85 cm die horizontale Linie der Ablage vor. Im Bereich des Waschbeckens wird in herkömmlicher Weise aufgemauert. Den uneinheitlichen Untergrund verdeckt der Fliesenbelag.

Um mit dem Bidetelement eine einheitliche Vorwandinstallation zu erhalten, muss man dessen Höhe von 1,10 m aufnehmen. Dadurch entstehen die Proportionen, die wir aus den meisten Bädern kennen, aber nicht besonders schätzen. Die Wandfläche wird vertikal in 2 fast gleiche Teile geteilt.

Das immer öfter auch in Privatbädern gewünschte Urinal braucht ein Sanitärelement von 1,20 m Höhe. In diesem Fall empfehlen wir, die Wand in der ganzen Höhe zu verkleiden und für das Waschbecken eine Lösung mit integrierten Ablagen zu suchen.

Waschtisch und WC an 85 cm hoher Vormauerung

Waschtisch, WC und Bidet an 1,10 m hoher Vormauerung

Durchgehende Verblendung der Installationswand

Podeste

Das größte Problem beim Umbau von Bädern ergibt sich beim Umsetzen des WCs. Wasserzu- und -ableitungen lassen sich relativ einfach verlegen, das WC-Fallrohr dagegen macht durch den größeren Durchmesser von 10 cm Schwierigkeiten. Mit einem Gefälle von mindestens 2 % kann das Fallrohr einige Meter horizontal verzogen werden. Wenn dies nicht in der Wand möglich ist, baut man ein Podest und verlegt darunter das Rohr. Dadurch kann man das Bad auch im Fußbodenniveau gliedern. Zum Beispiel erhöht man die Badewanne durch Stufen oder hebt ganze Raumteile auf eine höhere Ebene. Oft werden die verschiedenen Zonen auch noch durch unterschiedliche Materialien betont.

Verlegen von Leitungen

Als Beispiel für das Verlegen von Leitungen soll folgender Umbau dienen:

Die Eigentümer hatten eine Luxuswohnung mit Marmorbad gekauft. Abgesehen vom Material entsprach das Bad in keiner Weise dem angekündigten Standard: eine Badewanne 170 cm × 70 cm, ein einfaches Waschbecken an der Wand, ein WC und ein Waschmaschinenplatz mit den Abmessungen 56 cm × 56 cm vor dem Türrahmen. Von einem Installationsschacht ausgehend lagen alle Leitungen vor den Wänden und waren mit Vormaue-

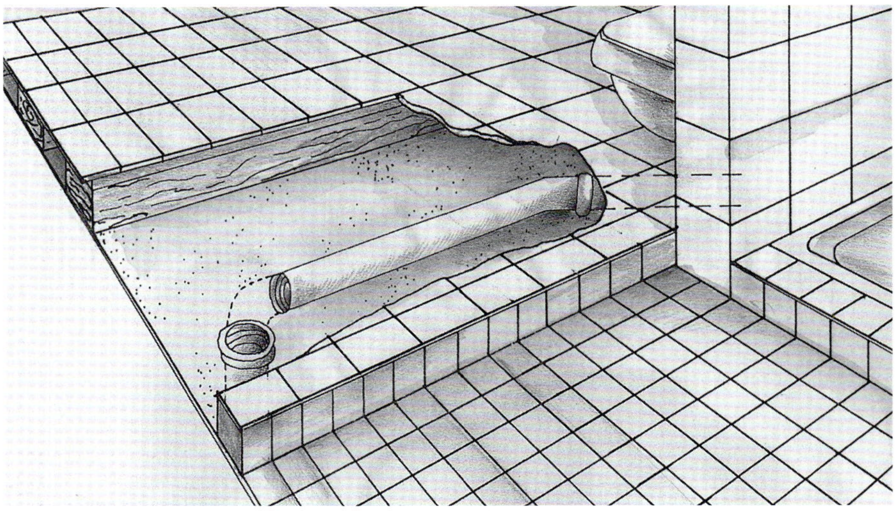

Verlegen des WC-Rohres unter 20 cm hohem Podest

Waschmaschinenanschluss vor dem Umbau

Vormauerungen vor dem Umbau

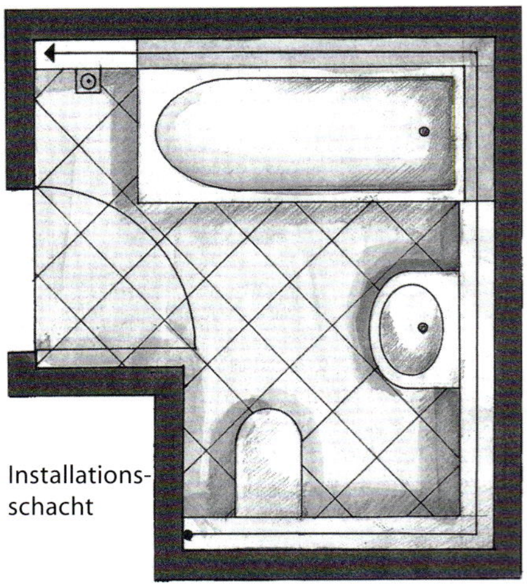

Grundriss vor dem Umbau

rungen in verschiedenen Höhen und Breiten verkleidet worden.

Das Bad sollte nun den gehobenen Ansprüchen entsprechend umgestaltet werden. Zu beiden Seiten einer komfortablen Eckbadewanne wurden Granitablagen eingebaut, die links das Waschbecken und rechts im Unterbau die Waschmaschine aufnehmen konnten. Das WC bekam eine Vorwandinstallation in Höhe von 85 cm, die es ermöglichte, eine durchgehende horizontale Linie einzuhalten. Alle Leitungen konnten hinter die Einbauten gelegt werden.

Das Beispiel zeigt, dass Vorsicht geboten ist bei allzu leichtfertigem Umgang mit modernen Installationsmethoden!

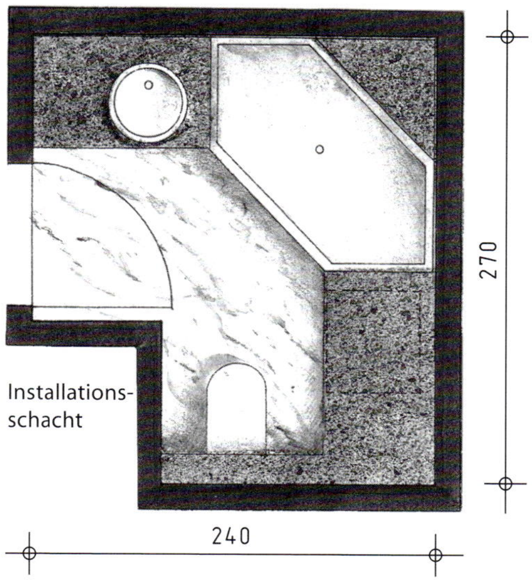

Grundriss nach dem Umbau

Das Bad nach dem Umbau

3
Heizung

Minimalistischer Plattenheizkörper

Zu den baulichen Voraussetzungen im Bad gehört die Heizung. Heizkörper können bei dem oft beschränkten Platz nicht untergebracht werden. Hier bietet sich die schon im Bau vorgesehene Fußboden- oder Wandheizung an, die unter keramischen Belägen besonders effizient ist. Bei Umbauten kann man millimeterdünne elektrische Heizmatten in den Fliesenkleber einbetten. Die Betriebskosten sind relativ hoch. Als Alternative gibt es eine große Auswahl an Heizkörpern, die gleichzeitig als Handtuchhalter dienen. Sie werden meist frei vor die Wand gehängt und elektrisch und/oder durch Anschluss an das Warmwassersystem betrieben.

Nostalgischer Handtuchwärmer für das Stilbad

Heizkörper und Handtuchwärmer in Schlangenform

Heizkörper mit charakteristischer Karostruktur

Der klassische Heizkörper und Handtuchwärmer

4

Licht

Kontrast zur modernen Ausstattung: ein Kronleuchter

Für die Beleuchtung im Bad sollte man grundsätzlich Folgendes beachten:

- Wir brauchen 2 verschiedene Lichtquellen – eine Allgemeinbeleuchtung für den ganzen Raum und eine besondere Beleuchtung für den Spiegel über dem Waschbecken.
- Bei beiden Systemen sollten die gleichen Lampen verwendet werden.

Wir haben die Wahl zwischen Glühlampen, Leuchtstofflampen und Halogenlampen:

- Glühlampen geben warmes, weiches Licht.
- Leuchtstofflampen – vorzugsweise in der Farbe »warmweiß« – sind sparsam und garantieren eine gute Farbwiedergabe. Hierher gehören auch die als Sparlampen bezeichneten Kompaktleuchtstofflampen.
- Halogenlampen verbreiten strahlendes Licht und erhellen auch in dunklen Farben gehaltene Räume. Niedervoltlampen haben sehr geringe Abmessungen und lassen sich platzsparend einbauen. Stromsparend sind sie allerdings nicht.

Für extravagante, nicht unbedingt für Bäder vorgesehene Leuchten (z. B. Kronleuchter) müssen mit dem Elektriker geeignete Schutzmaßnahmen getroffen werden.

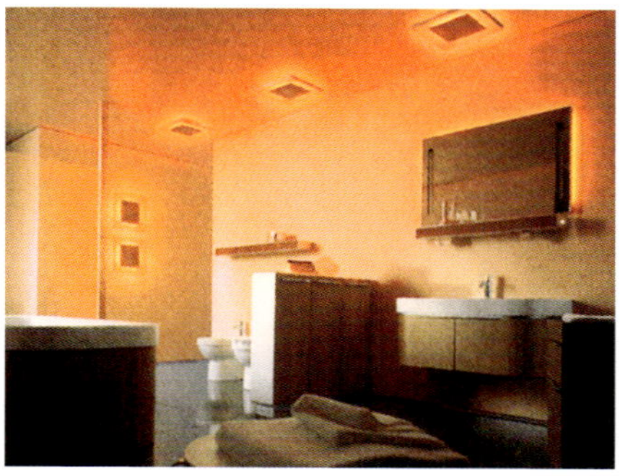

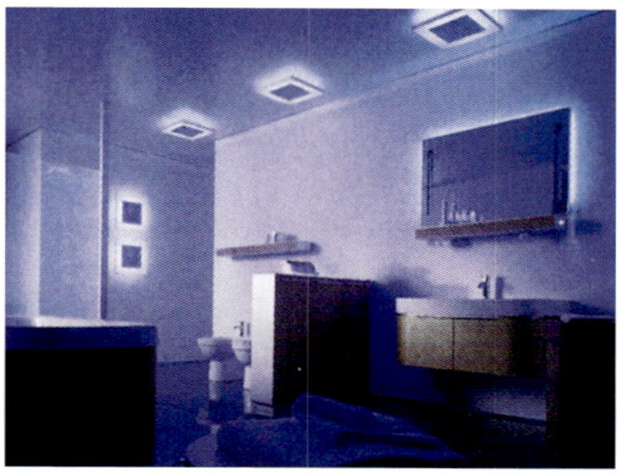

Die quadratischen Wand-Deckenleuchten in verschiedenen Farbstimmungen sind Teil eines kompletten Beleuchtungsprogramms.

Spiegelleuchten

Für die Beleuchtung des Spiegels bieten sich folgende Varianten an:

- Die Leuchten werden in den Spiegel oder den Kosmetikschrank integriert.
- Einzelne Leuchten werden über oder paarweise neben dem Spiegel montiert.
- Indirekte Beleuchtung wird durch wandbündige Glasscheiben vor eingebauten Leuchtstoffröhren erzeugt.

Dimmbare Hochvolt-Halogenlampen im schwenkbarem Gehäuse

Die immer beliebte Beleuchtung der Künstlergarderobe mit ringsum aufgesetzten Glühlampen

Edel gefasste Leuchtstoffröhren

Spiegel mit hinterleuchtetem Rand

In den Spiegel integrierte Leuchtstoffröhre

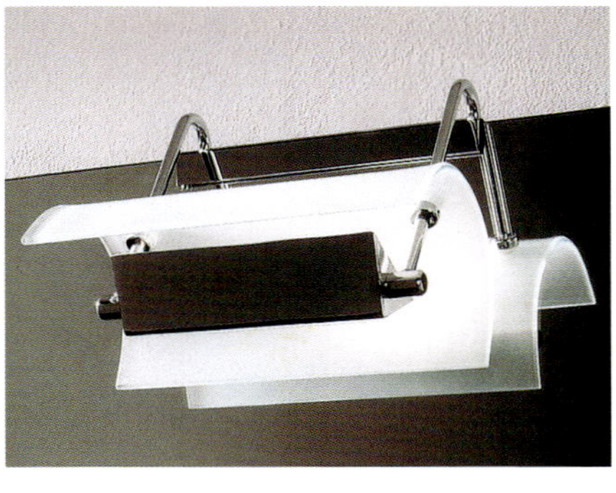

Indirekt strahlende Leuchte über dem Spiegel

Paarweise seitlich zu platzierende Leuchten

5 Oberflächen

Wand- und Bodenbeläge

Die Einrichtung eines neuen Bades führt zuerst zu der Frage: »Wie soll das Bad aussehen?« Gemeint ist die Wahl des Materials für Wand- und Bodenbeläge, denn damit bestimmen wir den Stil des Raumes. In letzter Zeit ist man vom praktischen kühlen Fliesenbelag zu wärmeren, wohnlichen Oberflächen übergegangen.

Wir können je nach Geschmack und Geldbeutel wählen:

- keramische Beläge
  - Fliesen, unglasiert – stumpfe Oberfläche, rutschfest
  - Fliesen, glasiert – glänzende farbintensive Oberfläche
  - Feinsteinzeug – unempfindlich, dichte Oberfläche
- Kunststein – Aussehen wie Feinsteinzeug, unterschiedliche Herstellung
- Glasmosaik – strahlende Farben, geeignet für bildliche Darstellungen und organische Formen
- Glasfliesen – strahlende Farben, Transparenz
- Naturstein
  - Marmor – kristallin, einfarbig bis stark geädert, säureempfindlich
  - Granit – fein bis grobkörnig, hart, relativ unempfindlich
- Holz – warm, gemütlich, mit Sonderbehandlung gegen Feuchtigkeit
- verputzte Wand – nicht sehr widerstandsfähig, aber leicht zu renovieren
- Glasfasertapete – lackiert, strukturiert, geeignet für Dachschrägen
- Stahlblech – als Fliesen und Paneele, technisch, kühl

Goldenes Glasmosaik als Fußboden, ein kaum erschwinglicher Traum

Carrara-Marmor im Zusammenspiel mit schwarzen Fliesen und Hightech-Accessoires für ein modern-kühles Ambiente

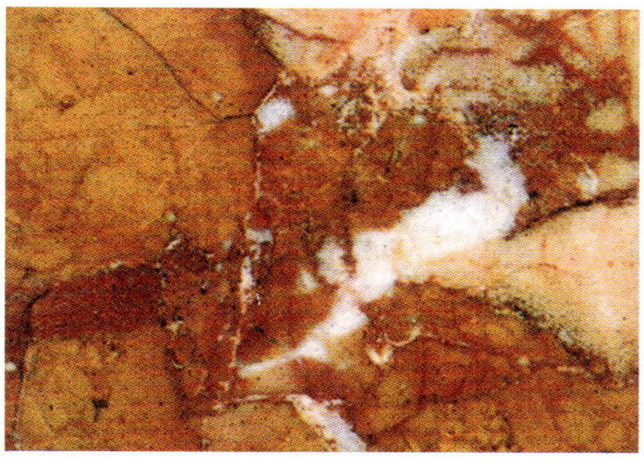

Breccia Pernice

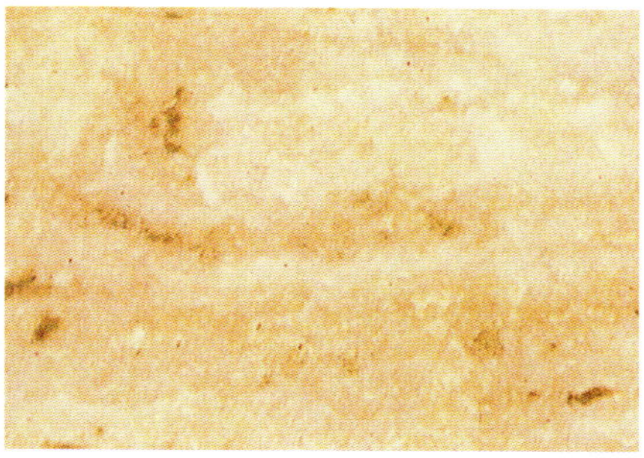

Travertino Romano

Grigio Italia

Naturstein

Über die Eigenschaften der verschiedenen Natursteine sollte der Bauherr sich informieren, bevor er sein Bad plant. Kalksteine, zu denen Marmor und Schiefer zählen, sind gegen Säure empfindlich. Granit verträgt zwar Säure, dafür nicht so gut Fette. Wer keine Benutzerspuren in seinem Bad möchte, sollte sich für ein anderes Material als Naturstein entscheiden.

Farben und Musterungen gibt es unbegrenzt. Sie können blauen Granit und Marmor bekommen, grünen, braunen, weißen und schwarzen. Die Maserungen sind kleinteilig, fast monochrom oder können mit großen Adern oder Bändern versehen sein.

Oben 3 Beispiele für Marmor, unten 3 Beispiele für Granit.

Bad mit gebrochenen Riemchen und geschliffenen Platten

New Multicolor

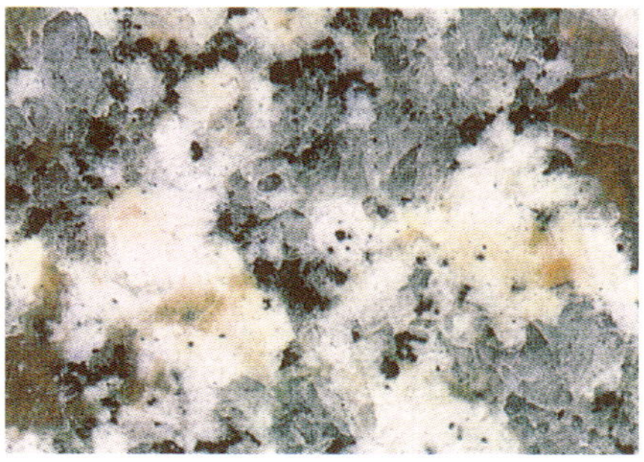

Rosa Ghiandonato 'S'

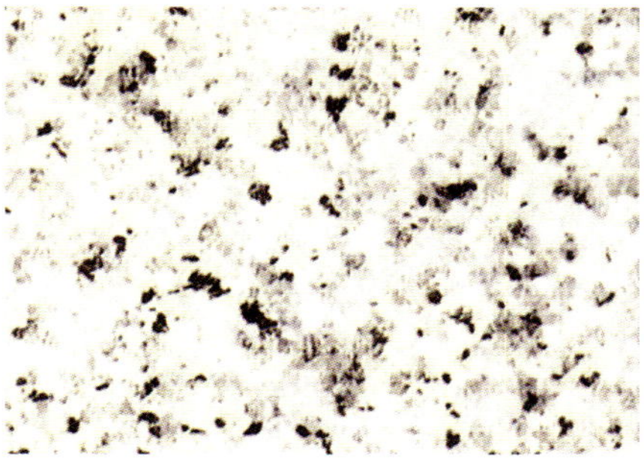

Bianco Cristal

Holz und Glas

Holz

Mit Holz ein Bad zu gestalten wird immer beliebter. Holz bringt eine warme, natürliche Atmosphäre. Durch die anfallende Nässe im Bad ist Holz nicht ganz unproblematisch. Man sollte darauf achten, dass am Holz kein Wasser stehen kann. Holz ist also direkt hinter der Badewanne ungeeignet. Man sollte erst eine Reihe Steine oder Glas verlegen, um dann mit dem Holz zu beginnen. Das Beispiel auf der linken Seite verlangt vom Benutzer Disziplin, er muss den Übergang vom Waschbecken zur Wand stets trocken halten.

Trotz dieser Einwände kann man sich der Schönheit einer Holzoberfläche im Bad nicht verschließen. Sie sollten, wenn Sie Holz einsetzen wollen, wasserunempfindliches Holz wählen: Im linken Beispiel ist Zedernholz gewählt worden und im oberen rechten Teakholz. Zusätzlich kann man durch eine Behandlung mit hoch technisierten Ölen eine recht große Unempfindlichkeit erreichen.

Glas im Bad bringt Licht, Sauberkeit und Schutz. Im oberen Beispiel schützt eine Glasscheibe die roh verputzte Wand vor Spritzwasser und ist gleichzeitig ein Gestaltungselement. Der zarte Grünton des Glases steht spannungsvoll komplementär zur leicht roséfarbenen Wand und zum rötlichen Holz.

Ganz anders ist Glas im unteren Beispiel eingesetzt. Mit Glasbausteinen ist eine Dusche abgemauert. Die Duschnische erhält so Tageslicht vom gegenüberliegenden Fenster und der mit Zement verfugte Baustein ist absolut wasserunempfindlich. Sandsteinplatten stehen kontrastreich zu der kühlen Oberfläche des Glases.

Natürliche Materialien: Holzdielenboden und geputzte Wand mit einer Glasscheibe als Spritzschutz; das Bad wird zum Wohnraum.

Glasbausteine als Duschabtrennung

Ein nobles Bad durch zarte Farben und Bordüren mit Girlanden

Fliesen und Mosaik

Das klassische Material für ein Bad sind keramische Platten. Fliesen, wenn sie Formate bis 10 cm haben, unter 10 cm x 10 cm ist der Fachausdruck Mosaik. Mosaike können aus Keramik, Glas oder Naturstein bestehen. Durch die unendliche Vielfallt der Farben und Formen keramischer Fliesen ist die Gestaltung unerschöpflich.

Das linke Beispiel zeigt ein romantisches Bad, zarte grüne und beige Töne werden durch weiße Profile gegliedert. Bordüren mit Biedermeiergirlanden betonen den Sockelbereich. Diagonale und orthogonale Verlegung sorgen für zusätzliche Spannung. Am Boden wird durch kleine dunkle Platten die Diagonale der Wände wieder aufgenommen. Trotz der verschiedenen Elemente wirkt das Bad ruhig und nobel, es strahlt die Sehnsucht nach der guten alten Zeit aus.

Das obere rechte Bad ist dagegen sachlich modern. Das weiße, dunkel verfugte Mosaik und der Schieferboden geben dem Bad eine grafische Note. Mit den 5 cm x 5 cm großen Mosaiksteinen wurde auch die runde Wanne verkleidet; eine Reduktion des klar gegliederten Bades auf nur 2 Materialien.

Eingestreute Goldsteine verleihen der Mosaikwand in Gelb, Orange und Braun einen überaus kostbaren Anstrich. Der schlichte Sockel in zart beigen Fliesen und das moderne Waschbecken bringen einen wohltuenden Kontrast zu der üppigen oberen Wand.

Schwarz und Weiß bestimmen den Raum.

Gold als Kontrast zu kühlem Weiß

Feinsteinzeug und Kunststein

Im Gegensatz zu keramischen Fliesen und Feinsteinzeug werden Kunststeine nicht gebrannt. Sie bestehen aus einem Gemisch aus Bindemittel, Zuschlagstoffen und Wasser.

Statt Kalk oder Zement wird heute meist Kunstharz als Bindemittel verwendet. Die Zuschlagstoffe sind zerkleinerte Steine, Glas, Metall und Farben. Es kann eine sehr natürliche Oberfläche entstehen oder eine bewusst künstliche durch extravagante Farben oder Glassplitter.

Wer Naturstein als Badoberfläche möchte, aber Bedenken hat wegen Empfindlichkeit und Pflege, kann auf Feinsteinzeug zurückgreifen. Feinsteinzeug wird in verblüffend »natürlicher« Optik hergestellt und ist oft vom Naturstein nicht zu unterscheiden. Durch Strangpressung lassen sich Feinsteinzeugplatten bis zu 60 cm Breite und über 200 cm Länge herstellen. Man kann großzügig eine Gestaltung mit wenig Fugenanteil planen.

Kristalline Bruchstücke, homogen, Ton in Ton

Marmor-Zuschlagstoffe und Bindemittel im Kontrast

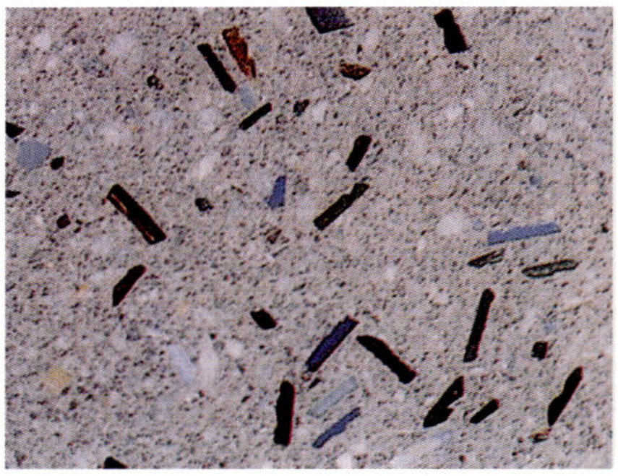

Eingestreute Glassplitter im grobkörnigen Untergrund

Große Marmorstücke mit bruchrauer Kante

Feinsteinzeug in Sandsteinoptik

Ein Bad in großen Feinsteinzeugplatten

6
Stauraum und Waschtischmöbel

Regale und Ablagen voller Kosmetikartikel und Utensilien können die schönste Badezimmerplanung zunichte machen. Am besten ist es, die Sachen in Schränke und Schubladen zu verstauen und nur wenige Sachen, wie in unserem rechten Beispiel, dekorativ zu platzieren.

Golden gerahmte Nische in einem romantischen Bad

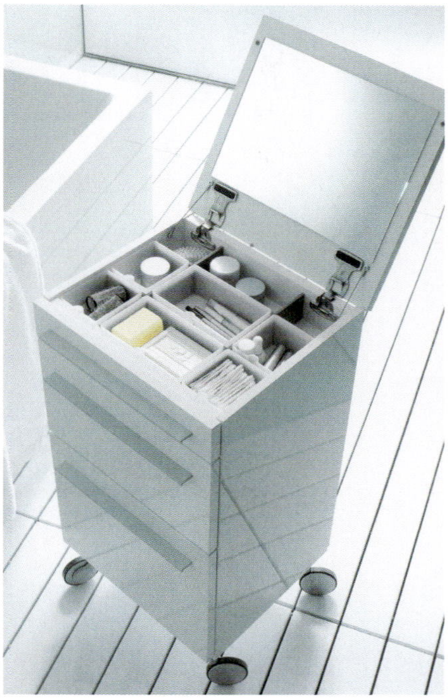

Überall einsetzbar: der Rollcontainer

Dem Küchenmöbel und dem Apothekerschrank entliehen: der Frontalauszug

Ein sogenannter Apothekerschrank als Raumteiler

Multiplexplatten auf Konsolen, dazu passende Hängeschränke

Waschtischmöbel

Was wir aus der Küche längst gewöhnt sind, hält nun auch Einzug ins Bad: Fertigmöbel.

Manche Firmen bieten nur einzelne Waschtische an, andere bringen ganze Möbelprogramme auf den Markt. Der Vorteil des Bades aus dem Katalog liegt auf der Hand, da Fragen wie die der Beleuchtung der Spiegel, des Stauraumes und der Handtuchaufhängung bereits gelöst sind.

Auch mit Serienmöbeln kann man das Bad individuell gestalten, da sie in den unterschiedlichsten Materialien hergestellt werden.

Ecklösung mit Unterbau

Frei stehender klassischer Waschtisch

Viel Platz in der konischen Säule

Maximaler Stauraum auf minimaler Fläche

Die Beispiele auf der Doppelseite zeigen Waschtischprogramme, die durch Funktionalität, Vielfalt der Möbeltypen und Variationen in den Oberflächen bestechen.

Ein Platzwunder – auf 75 cm Breite ist hier alles untergebracht: Spiegelschrank, Glasablagen, Beleuchtung, Waschbecken, große Schublade und Handtuchstange. Das Dekor ist Kirsche.

Große Schubladen in verschiedenen Längen und Schrankelemente lassen viele Gestaltungsmöglichkeiten offen. Das Ebenholz steht in Kontrast zu den weißen Fronten und den Spiegelflächen.

Die Ablagefläche ist von unten beleuchtet. Sie schwebt über der großen Schublade, die kürzer gehalten wurde und Platz für einen Hocker bietet. Olivenholz macht eine markante Oberfläche.

Das beleuchtete Glaswaschbecken in Überbreite und die gleichzeitig beleuchteten Schubladen machen aus einem Waschplatz einen geradezu mystischen Ort. Auch für dieses Möbelprogramm gibt es die verschiedensten Holzdekore, Lackfarben (glänzend oder matt), und Echthölzer.

III Sanitärobjekte

Die Wahl der passenden Sanitäreinrichtung ist eine Wissenschaft für sich. Der Markt bietet dem Käufer ein vielfältiges Sortiment und hält für jeden Bedarf das richtige Modell bereit. Gut, wenn man die Eigenschaften, die Vor- und Nachteile der verschiedenen Produkte kennt.

Wir geben Ihnen einen aktuellen Überblick und beschreiben alle notwendigen Kriterien für einen Kauf ohne Reue.

Ein Bad in mystischer Beleuchtung

1
WC und Bidet

Blumige Badserie mit Wandanschluss

Strenge Badserie mit Bodenanschluss

WC und Bidet sind Sanitärgegenstände, die wir notgedrungen im Bad dulden müssen. Wenn wir genug Raum zur Verfügung haben, können wir sie vom Hauptraum als ein eigenes »Cabinet« abtrennen.

Ist in der Wohnung kein zusätzliches Gäste-WC vorhanden, wäre es sinnvoll, das WC – auch zusammen mit der Dusche – in einem Vorraum unterzubringen, der mit dem Bad durch eine Tür verbunden ist. Gäste müssen das Bad somit nicht betreten, das WC ist trotzdem ins Bad integriert.

Bei einer Neubauplanung versuchen wir natürlich, WC und Bidet an der Wand aufzuhängen, um Bodenfreiheit zu haben und den Spülkasten in die Wand einzubauen. Bei den meisten Badplanungen ist man aber von bereits vorhandenen baulichen Vorgaben abhängig; sei es, dass Versorgungsschächte nicht dort liegen, wo wir sie brauchen oder dass in Altbauten das Fallrohr für das WC in den Fußboden mündet und der Spülkasten nicht in die Wand zu integrieren ist.

Standversion mit Aufputz-Spülkasten

Hänge-WC und Bidet

Standversion mit Unterputz-Spülkasten

2 Waschbecken

Das Waschbecken ist von den als Grundausstattung üblichen Sanitärgegenständen der kleinste, aber an ihm verbringen wir die meiste Zeit.

Badewanne und Dusche sind aufgrund ihrer Größe die beherrschenden »Möbel« im Raum, das Waschbecken jedoch nimmt eine Sonderstellung ein, da wir hier mit den verschiedensten Requisiten eine perfekte Inszenierung veranstalten: Becken und Armaturen, Ablagen mit den vertrauten Utensilien, schmeichelndes Licht, alles arrangiert um den Spiegel mit unserem Bild.

Die Entscheidung für Form, Farbe und Material des Waschbeckens fällt immer schwerer, weil Zeitschriften, Prospekte und Ausstellungen mit einer Flut von Entwürfen und Angeboten aufwarten.

Waschbecken werden heute in vielen Materialien angeboten:

- Keramik – der Klassiker, hier gibt es die größte Vielfalt an Formen. Keramik ist robust, pflegeleicht und hält ein Leben lang.
- Acrylbecken – Farben kann man individuell bestimmen, bis hin zu selbstgewählten eingelegten Dekoren.
- Polymer- Kunststoffe – uns bekannt unter der Firmenbezeichnung Corian oder Varicor, sind fugenlos in Platten einschleifbar, warm und pflegeleicht.
- Metall – Becken aus Edelstahl, Messing, Kupfer, auch versilbert und vergoldet, lassen eine extravagante Gestaltung zu. Emaillierte Stahlbecken gibt es in verschiedenen Farben, die Oberfläche ist sehr glänzend und geschlossen.
- Glas – in den letzten Jahren sind Glasbecken immer beliebter geworden. Es gibt sie in vielen Farben und Formen, bis hin zu handgefertigten, gegossenen großen Waschtischen mit viel Ablagefläche.
- Naturstein – gedreht aus einen Block oder geklebt aus Platten bis hin zu großen, naturbelassenen Steinen, aus denen ein Becken herausgeschliffen wird, gibt es alle Farben und Oberflächen, die die Natur bieten kann.

Waschbecken in moderner Formenvielfalt aus Keramik, Stein oder Kunststoff, in den Werkräumen eines traditionellen Badausstatters

Waschbecken aus Naturstein,
gefertigt aus einem Block

Waschbecken aus Keramik
in klassisch moderner Form

Waschbecken in ihrer ganzen Vielfalt

In den letzten Jahren haben sich Designer und Architekten viele Gedanken über Aussehen und Ergonomie von Waschbecken gemacht. Jedes Jahr werden neue Formen in den verschiedensten Materialien auf den Markt gebracht.

Die Tendenzen sind minimalistische Becken von industrieller Klarheit und die fast nostalgische Erinnerung an die Waschkumme, jetzt allerdings in innovativen Materialien und an Wasserleitung und Abfluss angeschlossen.

Rund gedrehtes Edelstahlbecken

Becken aus einem Naturstein geschliffen

Glaswaschbecken als traditioneller Kumme

Becken aus Kunststoffplatten gefügt; das Wasser fließt in den Ecken der Wölbung ab.

Frei stehende Waschbecken

Eine modische Erscheinung sind frei stehende Waschbecken, die bei aller Attraktivität eher unpraktisch sind. Im günstigsten Fall kann man auf einem breiteren Rand etwas abstellen. Man muss auf jeden Fall im Umfeld des Beckens für ausreichend Ablagefläche sorgen. Zweifellos bietet sich mit diesen Becken dem Gestalter ein weites Feld für das Spiel mit Form, Farbe und Material. Die zierlicheren Exemplare können auch paarweise aufgestellt werden und sind besonders geeignet für Armaturen, die direkt in der Wand installiert sind.

In eine Marmorplatte eingelassenes Edelstahlbecken auf einem Gestell aus Kirschbaum

Keramikbecken auf runder Säule

Waschtisch auf Edelstahlbeinen

Nostalgie der Jahrhundertwende

Waschschüssel und Fuß bilden eine Einheit.

Einbauwaschbecken

Der Waschtisch mit großer Ablage und eingebautem Becken bietet besonders viel Platz für Accessoires und Dekoration und gewährleistet eine harmonische Raumgestaltung. Zwischen 2 Wände eingespannt oder als eigenständiges Möbel, mit oder ohne Unterbau, fügt er sich durch die Kombinierbarkeit aller gewünschten Materialien in jedes Konzept.

Für den Einbau gibt es spezielle Becken, deren Ränder eine wasserdichte Anpassung garantieren. In Natursteinplatten wird das Becken meist untergebaut, um den massiven, schön bearbeiteten Rand des Steins zu zeigen. Bei Platten aus Holz oder Glas ist es vorteilhafter, das Becken mit dem Rand aufzusetzen. Die Armaturen können innerhalb oder außerhalb installiert werden, je nachdem, ob im Becken eine Lochbohrung vorgesehen ist.

Unterschränke bieten viel Stauraum und Platz für verdeckte Anschlüsse und Leitungen und sind ideal zum Verstecken von Waschmaschine und Wäschetrockner.

Waschtisch aus Marmor mit aufgesetztem Becken

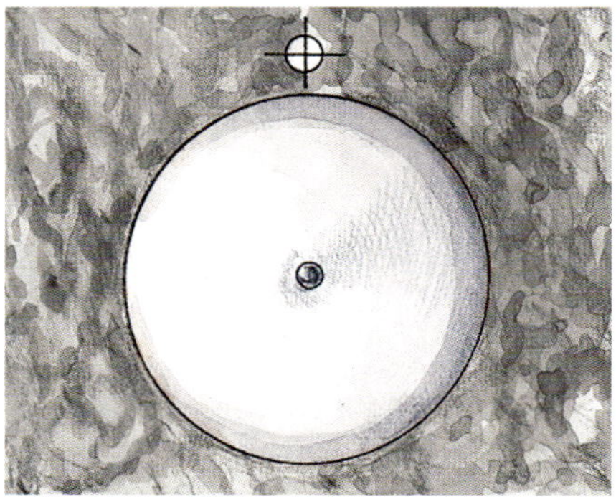

Unterbaubecken, Armatur in der Tischplatte

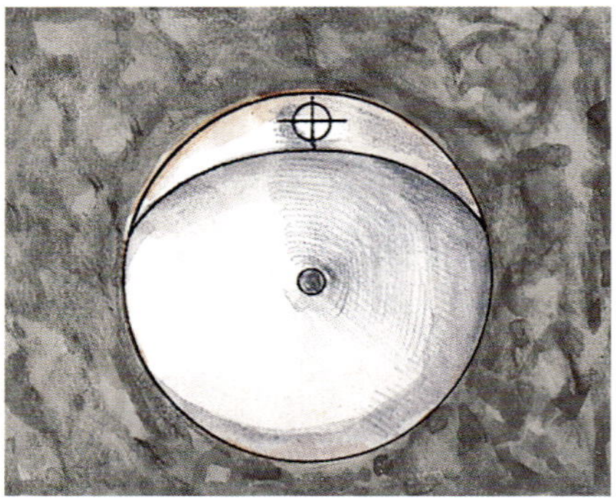

Unterbaubecken mit integrierter Armatur

Aufgesetztes Becken, Armatur in der Tischplatte

Aufgesetztes Becken mit integrierter Armatur

Gläserner Waschtisch mit Einbaubecken aus Edelstahl

Becken mit Anschlüssen und Ablagen

Die Industrie bietet viele Waschtische, die gerade Abschlüsse haben. Durch die geraden Kanten kann das Becken an Wände, Möbel oder Ablagen anschließen, eine Silikonfuge garantiert einen sauberen Einbau. Unter die geraden Flächen dieser Waschbecken lassen sich außerdem Möbel einbauen. Die Hersteller bieten neben den Becken ein vielfältiges Einbauprogramm an.

Ablageflächen in einem anderen Material links und rechts vom Becken

Becken mit integrierten Ablagen; je nach Platz, kann ein flaches Möbel daneben aufgestellt oder auch untergebaut werden.

Becken mit Unterbau

Halbeinbaubecken mit kleinem Unterschrank

Becken mit Unterschrank, zwischen Mauern eingepasst

3 Waschbeckenarmaturen

Die Armatur ist bei der Gestaltung des Badezimmers das Tüpfelchen auf dem i. Technische Funktion wird in Design verpackt. Die Armatur ist der Gegenstand im Bad, den man ständig berührt und mit dem man etwas bewegt. Technisch unterscheiden wir 3 Arten:

- Zweigriffmischer,
- Einhebelmischer,
- elektronische Armaturen und
- Thermostate.

Der Standort der Armatur bestimmt das Aussehen

- auf dem Beckenrand,
- auf dem Tisch, besonders bei Aufsatzbecken, und
- an der Wand.

Wir wollen hier nur einen Überblick zeigen. Der Stil des Bades und die persönliche Vorliebe für ein Design sollen bei der Wahl den Ausschlag geben. Wichtig ist, dass die Armatur dem Benutzer gut in der Hand liegt.

Dreilochwandarmatur

Einhebelmischer für Aufsatzwaschbecken

Moderner Einhebelmischer mit Wasserschwall

Einhebelmischer

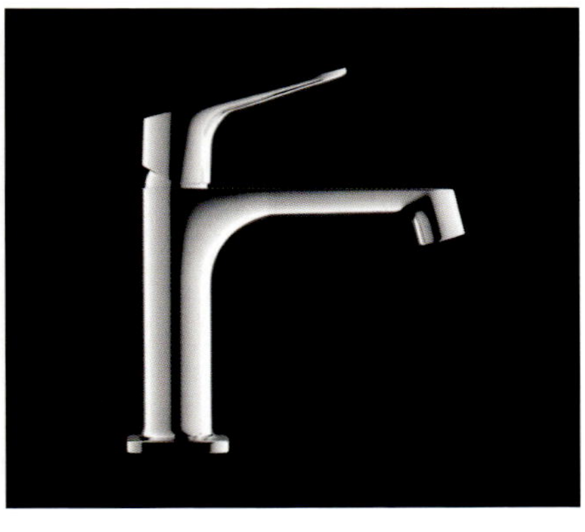

Einhebelmischer

Einhebelmischer

Klassischer Zweigriffmischer

4 Duschen

In unserer schnelllebigen Zeit ist das Baden in der Wanne zu einem besonderen Erlebnis geworden. Die tägliche Körperreinigung findet in der Dusche statt. So wird das Angebot an luxuriösen, mit allen technischen Raffinessen ausgestatteten Duschkabinen immer größer. Andererseits geht der Trend zum wohnlichen Badezimmer. Unsere Beispiele zeigen, wie man die Dusche unter Einbeziehung der Raumelemente weniger offensiv gestalten kann.

Die Ganzglas-Duschkabine als transparentes Raumelement; der Holzrost im separaten Eingangsbereich nimmt das Tropfwasser auf.

Rahmenlose Duschtür in der Mauernische unterm Dach

Trotz technischer Aufmachung und riesiger Glasscheiben fügt sich die Doppeldusche angenehm in die warme Raumatmosphäre.

Eine große Zahl von sehr eigenständigen Duschelementen ist auf dem Markt. Eine Auswahl davon wollen wir hier vorstellen. Wir verzichten darauf, die allseits gebräuchlichen Duschtassen mit passenden Duschabtrennungen zu zeigen, die fast überall in der Badezimmerecke ihren Dienst tun.

Aus kreisförmigen Elementen zusammengesetztes Raumelement zur freien Aufstellung im Schlafraum

Zur besseren Übersicht: der aus vorgefertigten Teilen bestehende Rohling

Frei stehende Säule in funktionellem Design

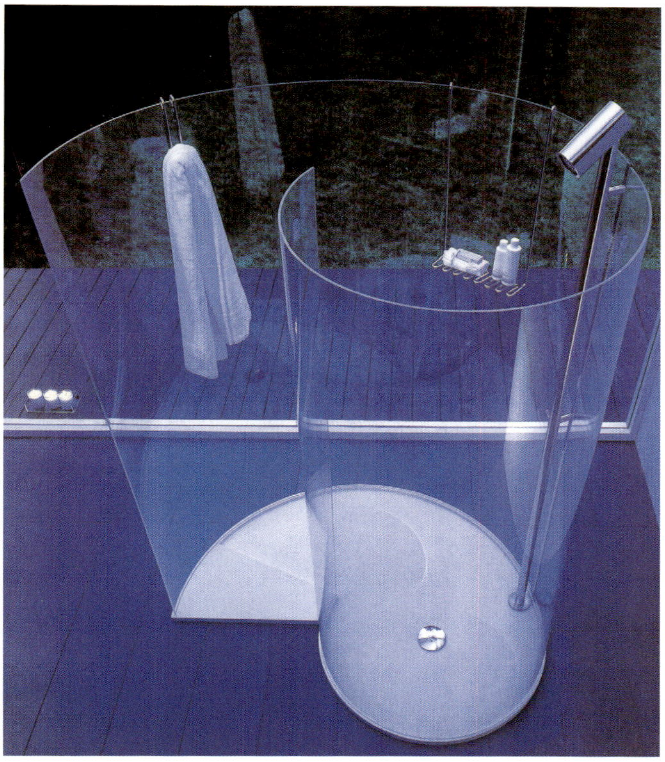

Sehen und gesehen werden in der schneckenförmigen Glasdusche

Runde Duschtasse mit passender Glasabtrennung, die fast frei an der Wand steht

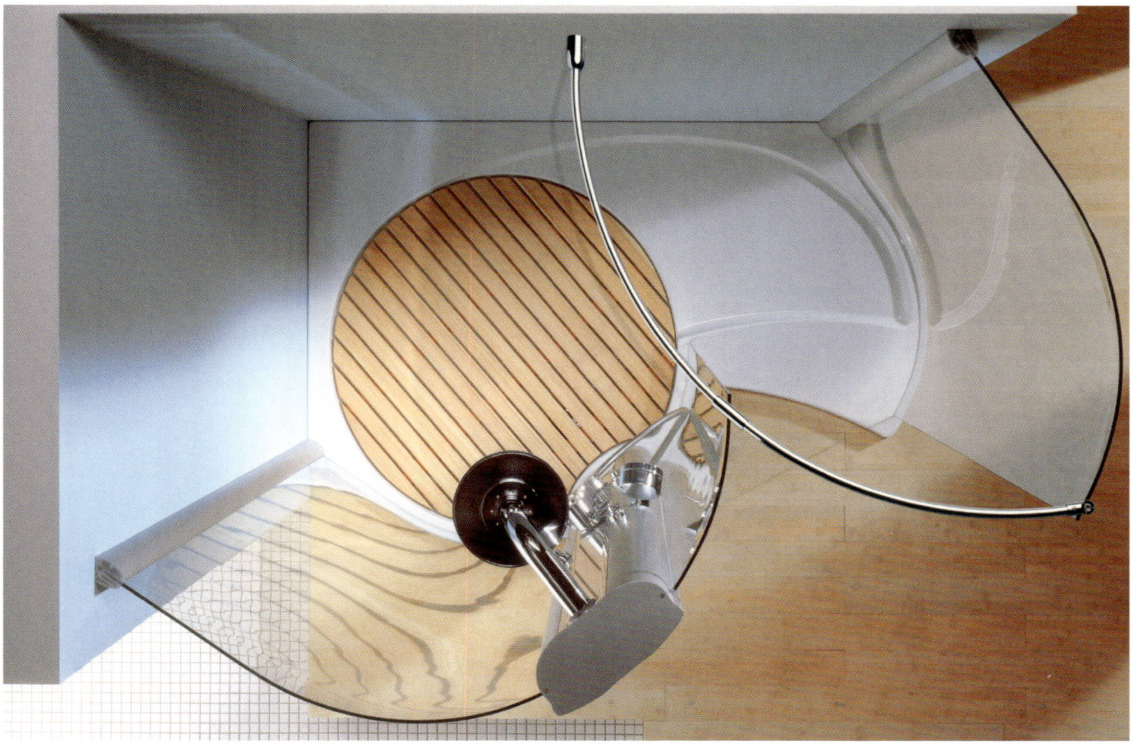

Ein beschwingtes Duschelement für die Raumecke. Die schneckenförmig angeordneten Glasabtrennungen verhindern das Spritzen nach außen. Der Holzrost bietet eine angenehme Haptik für die Füße.

Barrierefreie Dusche

Die barrierefreie Dusche unterliegt besonderen Anforderungen, die auf den Seiten 154 und 155 beschrieben werden.

Übereck öffnende Glasschiebetüren und der bodengleiche Ablauf garantieren volle Bewegungsfreiheit.

Der flache Rand macht die große Duschtasse fast bodengleich und verhindert doch das Überlaufen des Wassers. Hier ist der flexible Duschvorhang der ideale Spritzschutz.

Verschiedene Wellness-Angebote: technisch perfekt und behaglich

Wellness-Angebot in unterschiedlicher Ausprägung: als Komplettangebot oder als frei zusammengestellte Einrichtung.

Mehr als sauber: Die Kombination von Dusche und Dampfbad erfüllt alle Ansprüche.

Die behagliche Atmosphäre mit Schneckendusche, Ruhebank und Fußwaschbecken

Der Duschvorhang als Wolkenstore, im unteren Saum mit Bleiband beschwert, an einer runden Stange

Alternativen zu den technisch perfekten Duschabtrennungen in Glas oder Kunststoff sind hier vorgestellt, die es teils zu kaufen gibt, teils sind sie aus Halbfertigprodukten selber montiert.

Diagonale Verspannungen halten leichte Segeltuche.

Der Duschzuber mit perfekter Armatur und einem Vorhang rundherum

Stegplatten schieben sich auf Spannseilen.

An Schwenkflügelstangen aus Edelstahl ist glatt gespannter Stoff befestigt.

5
Duscharmaturen

Unabhängig von den schon gezeigten Hightech-Elementen, die bereits in die Duschkabine integriert sind, müssen wir für die herkömmliche Dusche eine Armatur wählen. Es stellt sich die Frage nach Aufputz- oder Unterputz-Installationen, Mischer oder Thermostat und fertigen Armatur-Systemen.

Unterputz-Armaturen lassen die Technik in der Wand verschwinden. Thermostate regeln die Wassertemperatur.

Bei Renovierungen wird man zur Vermeidung von unnötigen Stemmarbeiten die Aufputz-Armatur bevorzugen oder ein fertiges Duschsystem.

Regenbrause

Frei stehende Überkopfbrause in funktionellem Design

Das absolute Urwald-feeling bringt die Regendusche, unterstützt durch die sanft-grüne Farbgebung. Zusätzlich stehen Handbrause und Kneipp-Schlauch zur Verfügung.

Überblick über die verschiedenen Armaturen-Kombinationen:

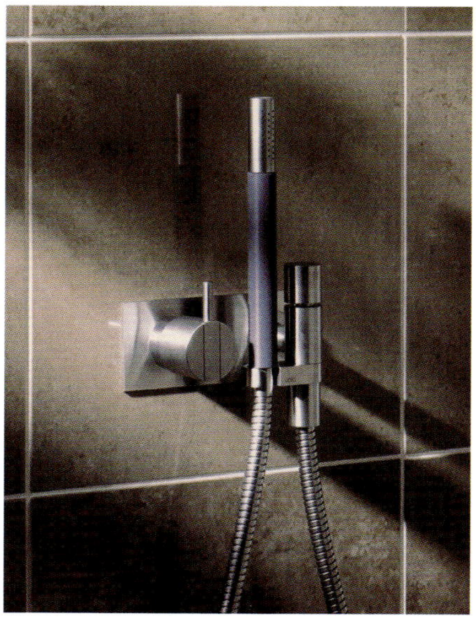

Thermostat-Armatur in moderner Form

Moderne Technik mit Thermostat für Liebhaber nostalgischer Einrichtung

Eingriffmischer mit Handbrause

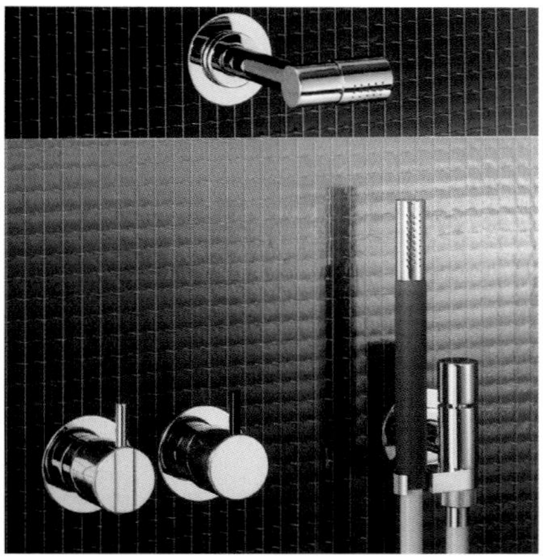

Eingriffmischer mit Hand- und Kopfbrause

Zweigriffmischer mit Handbrause

Zweigriffmischer mit Hand- und Kopfbrause

Die einfachste Lösung: alles in einem

6 Wannenarmaturen

Wandarmaturen

Für die Wannenarmatur stellt sich grundsätzlich die Frage, ob sie an der Wand oder am Wannenrand installiert werden soll. Die einfachste Version ist die Installation an der Wand mit Mischhebeln, Einlauf und Brauseschlauch in einem Gerät.

Will man die Temperatur mit einem Thermostat regeln, unterscheiden sich die Installationsmethoden: Der Aufputzthermostat funktioniert nach dem Prinzip der Mischarmatur (rechte Seite, links oben), der Unterputzthermostat braucht einen zusätzlichen Anschluss für den Brauseschlauch und einen separaten Wasserauslauf.

Der Auslauf kann auch in den Wannenrand integriert werden (rechte Seite).

Unterputz-Thermostat

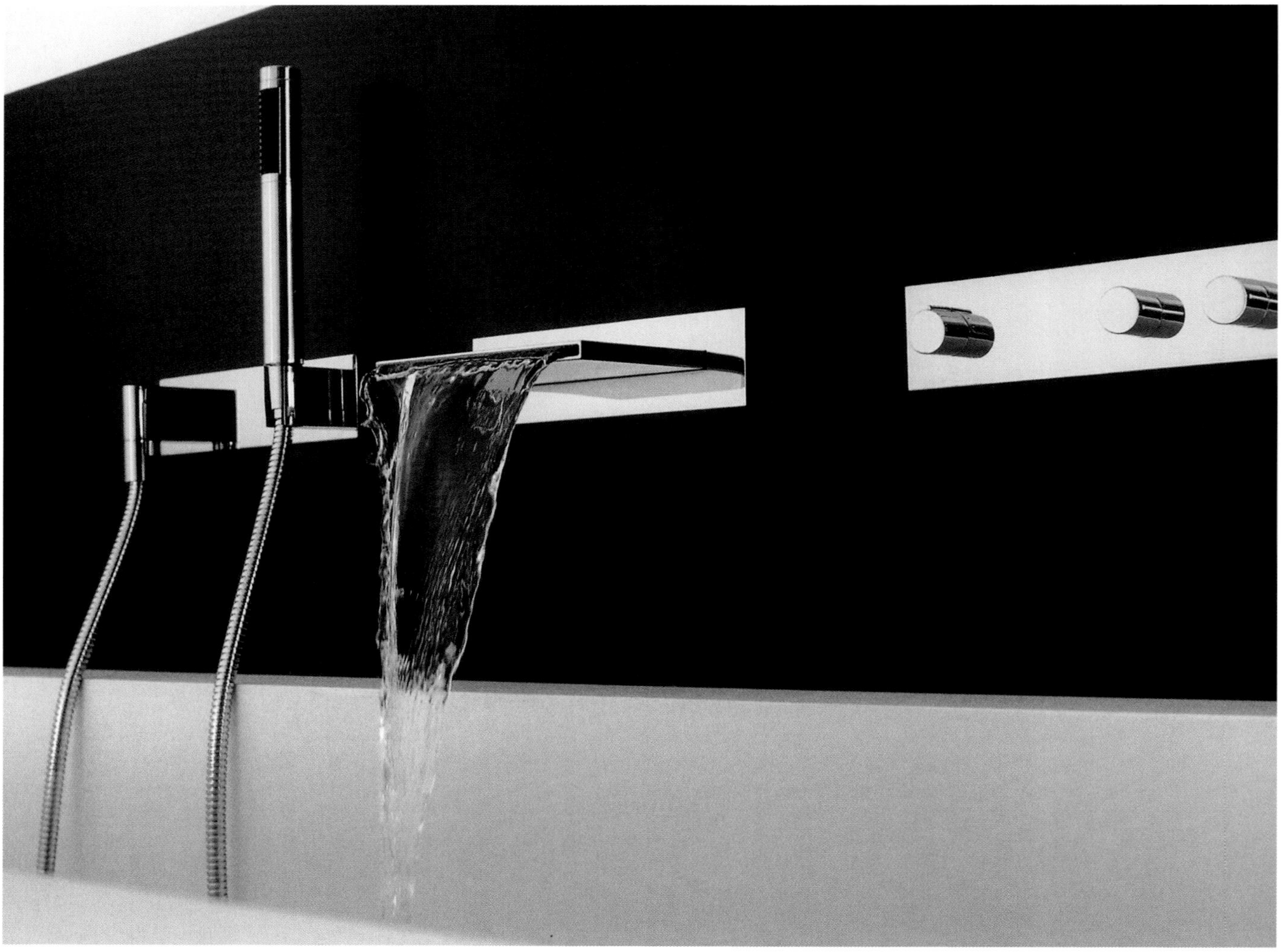

Wannenrandarmaturen

Die Wannenrandarmatur ist dann abgebracht, wenn die Wanne in ein Podest eingelassen ist oder die Form des Wannenrandes dafür vorgesehen ist. Meist wird die Standarmatur mit 2 Griffen angeboten, da der dekorative Effekt in diesem Fall besonders erwünscht ist.

Die Hersteller bieten fast alle Armaturen für Waschbecken, Dusche und Badewanne als Serien mit einheitlichem Design an.

Eine Besonderheit sind die Armaturen für die heute so beliebten frei stehenden Wannen. Die Anschlüsse sind im Boden installiert, damit man vom Wandanschluss unabhängig die Wanne frei im Raum aufstellen kann.

Integrierter Wanneneinlauf

Aufputz-Thermostat

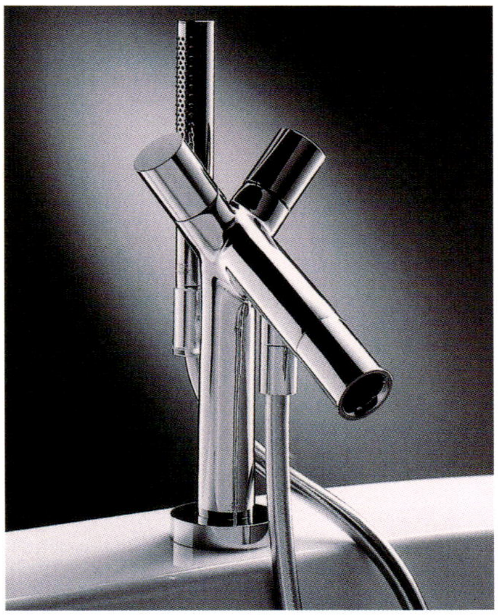

Kompakte Einlocharmatur mit Stabbrause

Frei stehender Wanneneinlauf

Klassische Armatur mit separat installierter Brause

7
Badewannen

Normalgrößen

Die Größe der Badewanne richtet sich nach der Körpergröße des Benutzers. Für die normale Wanne, in der man ausgestreckt liegen kann, gilt: Länge der Wanne = Körpergröße. Die gängige Meinung »je größer, desto besser« ist falsch. Wenn die Wanne zu lang ist, haben die Füße keinen Halt, man »schwimmt auf«.

Ist für eine normale Wanne kein Platz, bieten sich Kurzformen an, die die fehlende Länge durch größere Höhe ausgleichen. Bei den ganz kurzen Modellen ist es aber nicht möglich, ganz unterzutauchen.

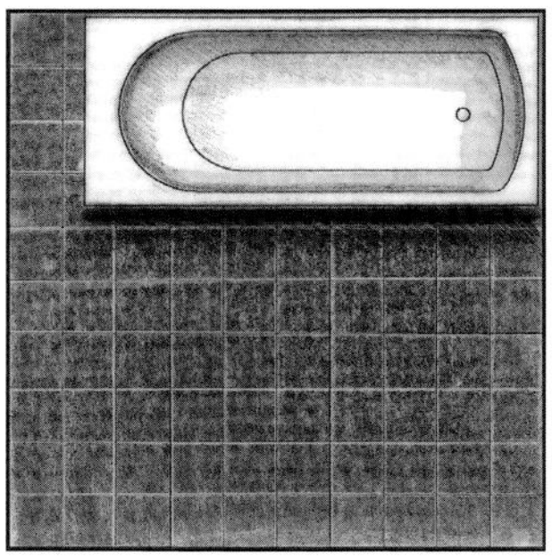

Normalwanne, von 160 cm x 70 cm bis 180 cm x 80 cm

Die Sanitärobjekte wurden zum besseren Vergleich in eine Fläche von 2 m × 2 m eingezeichnet.

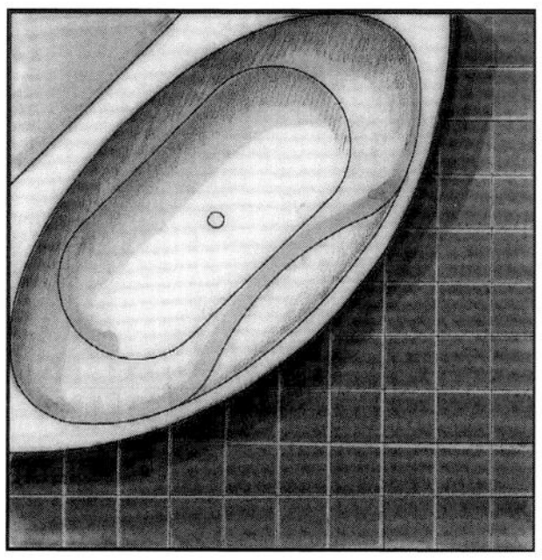

A

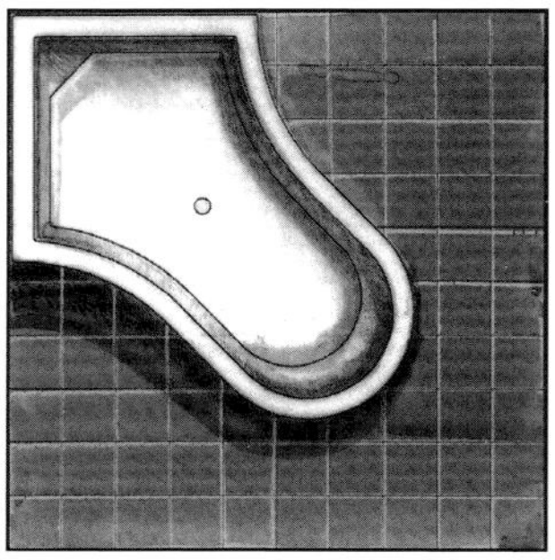

B

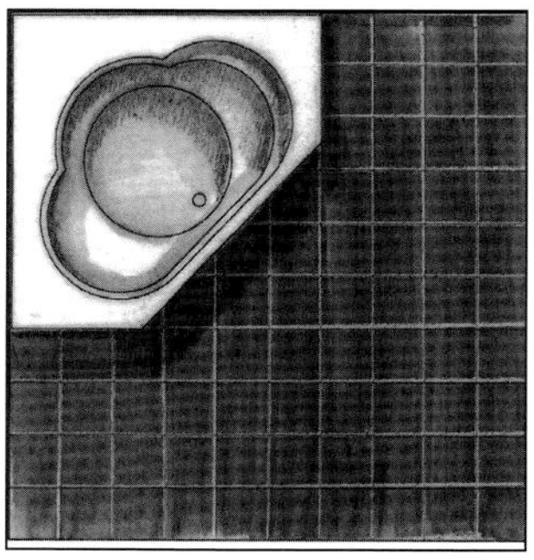

C

D

A bis D: Diverse Eckwannen

Längen von Badewannen

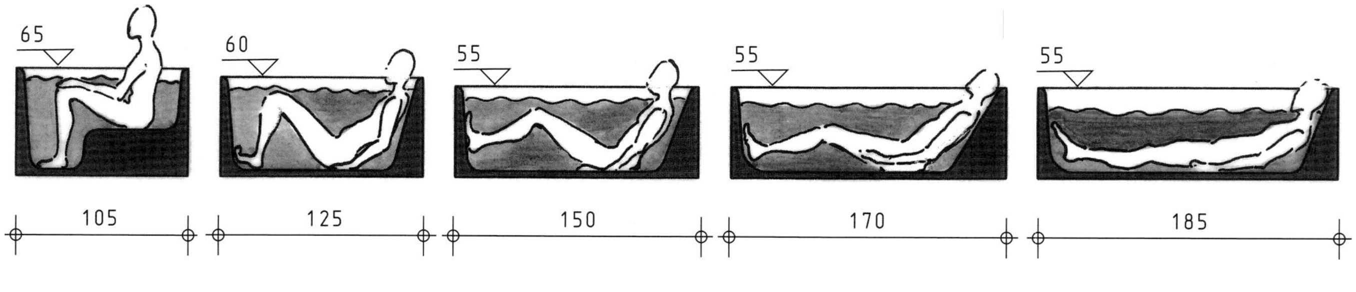

In den letzten Jahren haben die Hersteller eine große Zahl neuer Wannenformen auf den Markt gebracht, teils aus dem herkömmlichen emaillierten Stahl, teils aus dem leichter formbaren Acryl. Kleine Wannen bieten durch ungewöhnliche Proportionen genügend Platz zum Baden. Die normal große Wanne lässt sich durch geschickte Innenausformung von verschieden großen Personen bequem nutzen. Zum Einbau in die Ecke sind Modelle entworfen worden, die eine besonders günstige Raumausnutzung zulassen und dem Trend zur Gestaltung in der Diagonalen entgegenkommen.

Für die Außenverkleidung werden speziell geformte Schürzen im Wannenmaterial angeboten.

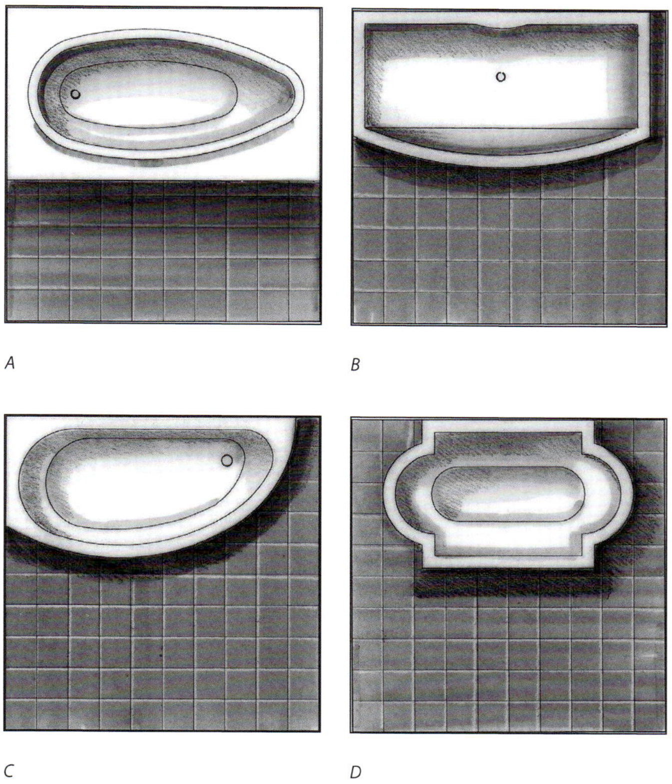

A bis D: Normal große »Designer«-Wannen

Die Sanitärobjekte wurden zum besseren Vergleich in eine Fläche von 2 m × 2 m eingezeichnet.

Wanne mit fertiger Einbauschürze

Wannen mit integrierter Dusche

In vielen Bädern muss in der Wanne geduscht werden. Es gibt Badewannen, bei denen eine spezielle Duschzone mit ebener Standfläche eingearbeitet ist. Duschabtrennungen, die an die besondere Form angepasst sind, ergeben eine Einheit, die dem Anspruch an gestaltete Perfektion auf kleinstem Raum genügt.

A

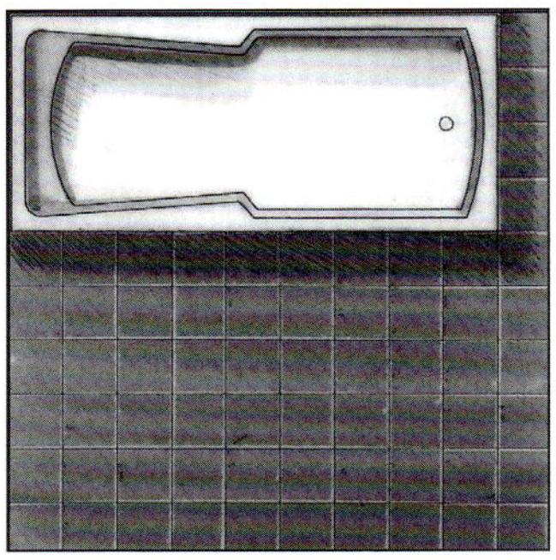

B

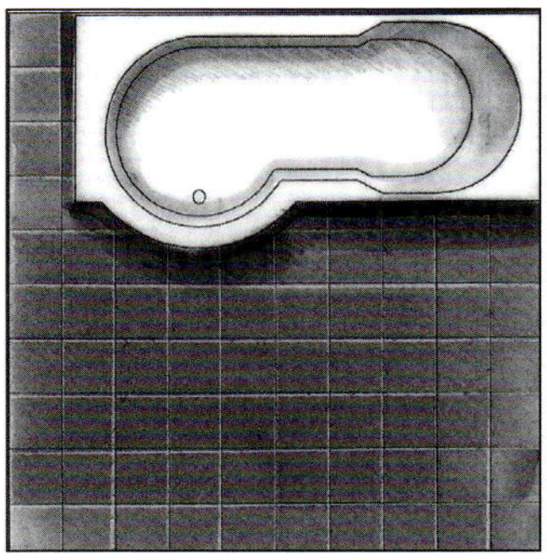

C

A bis C:
Wannen mit ausgeformter Duschzone

Kombiwanne mit besonders großem Duschbereich

Die Sanitärobjekte wurden zum besseren Vergleich in eine Fläche von 2 m × 2 m eingezeichnet.

Wannen mit Anschluss für Dusche

Selbst in kleinen Bädern besteht der Wunsch, eine Badewanne und eine Dusche zusammen unterzubringen. Dafür wurden geeignete Formen entwickelt, die platzsparende Anschlüsse erlauben.

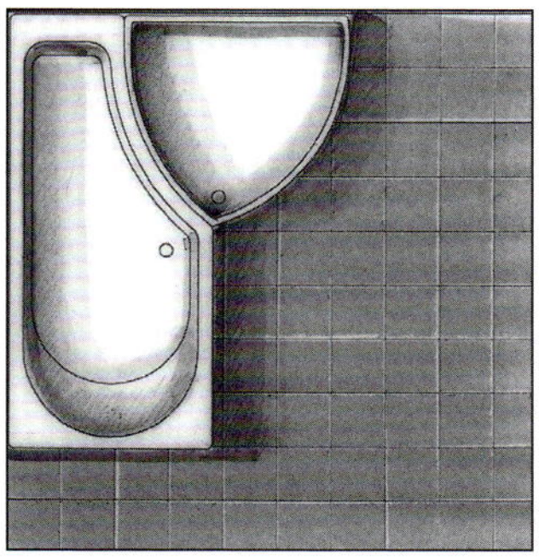

A

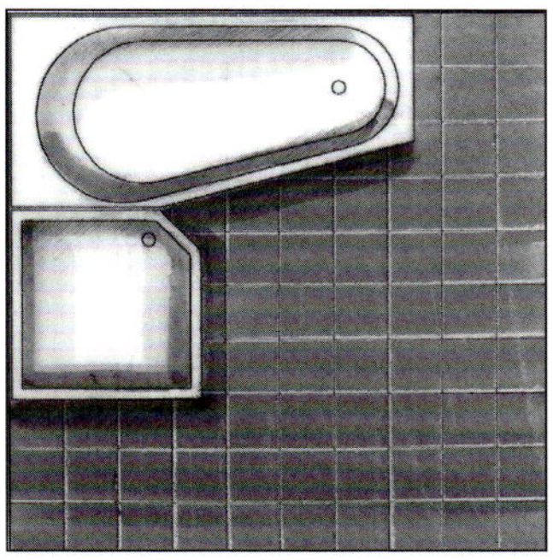

B

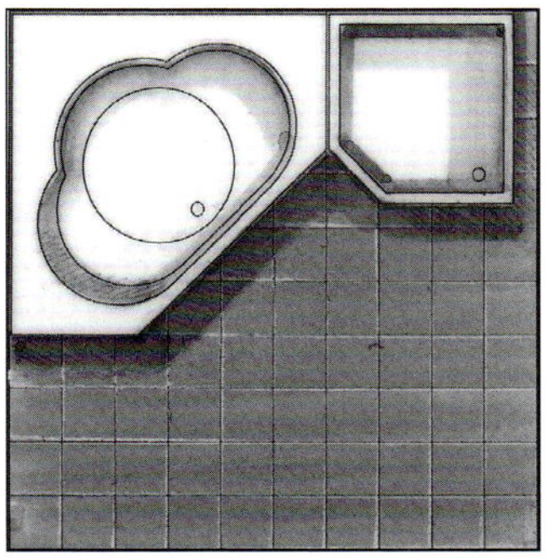

C

A bis C:
Wannen und Duschen mit ausgeformtem Anschluss

Schwungvolle Duschabtrennung

Die Sanitärobjekte wurden zum besseren Vergleich in eine Fläche von 2 m × 2 m eingezeichnet.

Frei stehende Wannen

Wer in seinem Bad viel Platz zur Verfügung hat oder das Baden in den Schlafbereich einbeziehen will, kann durch eine frei stehende Wanne eine wohnliche Atmosphäre schaffen.

Außen kantig, innen schmiegsam

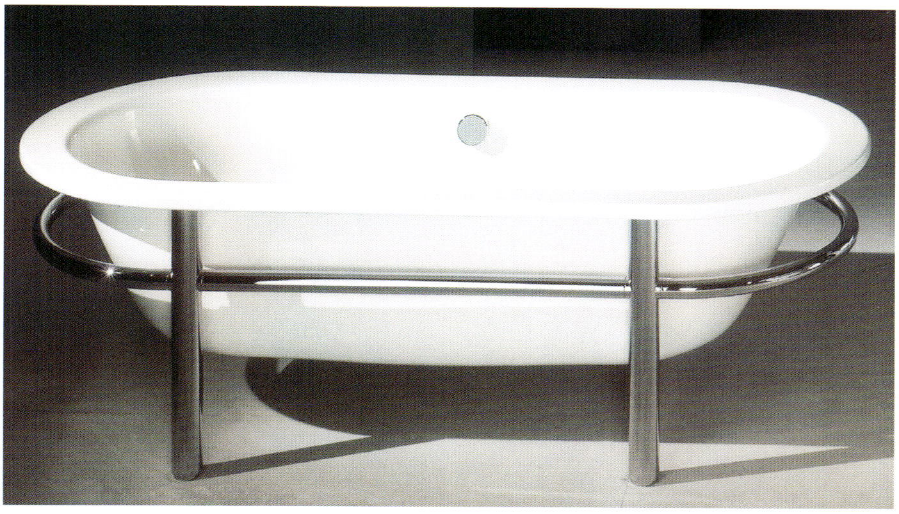

Über dem Boden schwebende Wanne

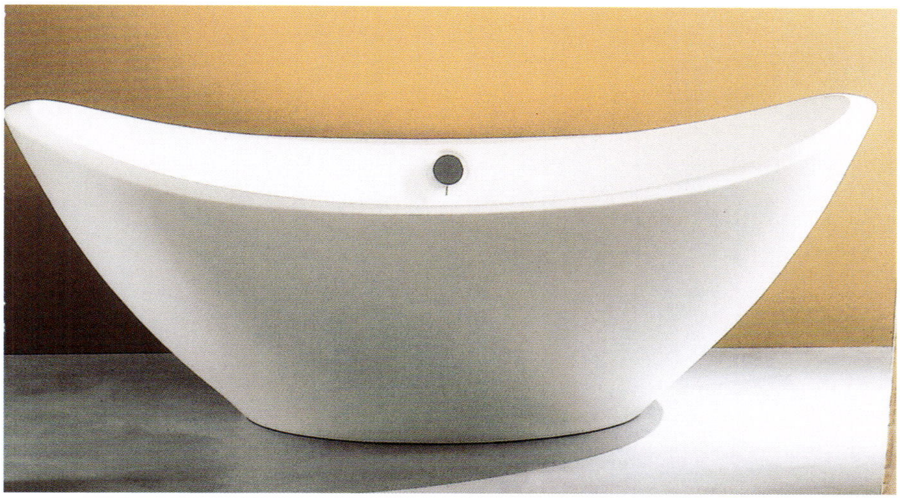

Ultraleichte Wanne (65 kg) aus neuartigem Material

Dem Badezuber nachempfundene Wanne

Luxuswannen

Zum Schluss die Luxuswannen: Es gibt Modelle, auf deren Grundflächen jeweils ein ganzes Bad Platz finden könnte.

Meist sind sie so ausgeformt, dass 2 Personen bequem zusammen baden können. Vorzugsweise werden sie mit einem Whirl-System ausgestattet, wodurch ein zusätzlicher Massageeffekt entsteht.

Selbstverständlich verlangen diese Wannen eine adäquate, kostbare Umgebung: Lack, Spiegel, Gold und Marmor verwirklichen den Traum vom Luxusbad.

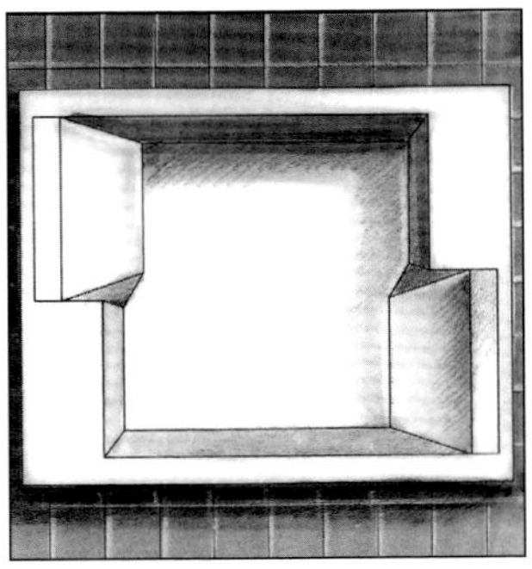

A

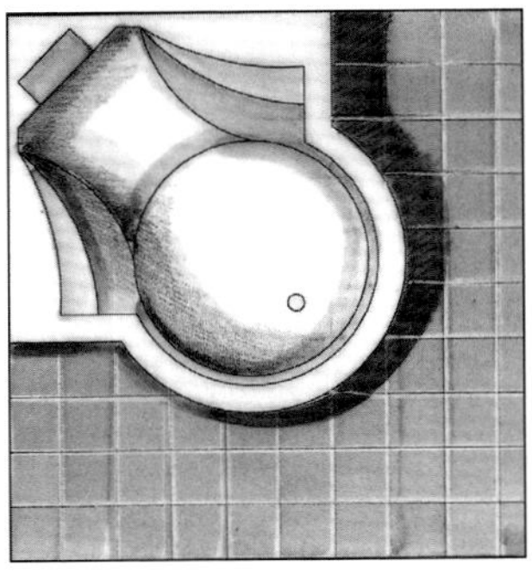

B

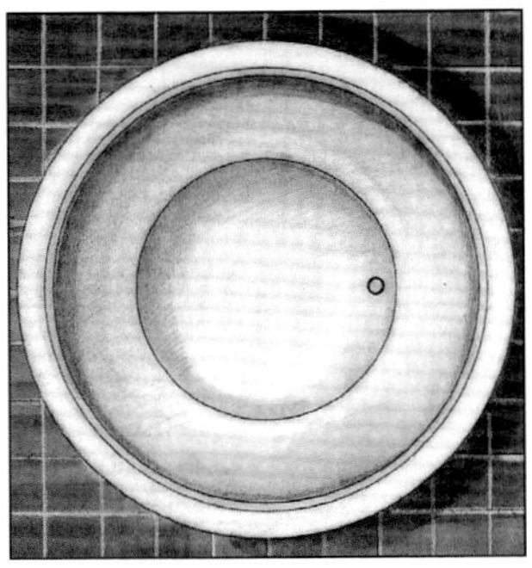

C

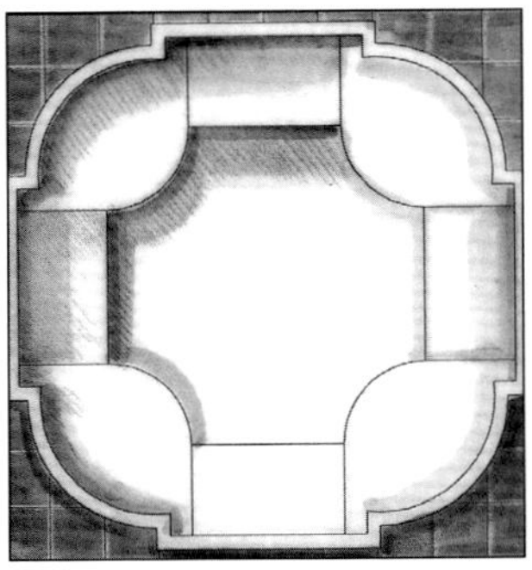

D

A bis D:
Verschiedene Formen von Luxuswannen

Die Sanitärobjekte wurden zum besseren Vergleich in eine Fläche von 2 m × 2 m eingezeichnet.

Halb eingebaute Wanne: ein Luxusbad mit leicht dekadentem Flair

Bildnachweis

Herstellerfirmen

Agape, Corregio: **184**, o. li. **201**, **216**
Alape, Goslar: **183**, o. **194**
ARDINO, Zeil a. Main: u. li / u. re. **180**, **181**
Arte Bagno Veneta, Quatro d' Altino: **178**, u. re. **179**
axelmeiselicht AML Licht + Design, München: li. **164**
Axor, Hansgrohe, Schiltach: **41**, **128/129**, o. **171**, o. li./o. re./u. li.**197**, li. **200**, u. li. **205**, re. **208**, re. **209**, M. re. **211**, **219**
B.A.D., Hamburg: **42**
Baulmann Leuchten, Sundern: o. li. **165**
Bette, Delbrück: li. **174**, re. **198**, li. **202**, o. **217**
Bisazza Mosaico, Alte Vicenza: **167**
Boffi, Lentate sul Seveso: **168**, re. **206**
Carré, Pierrefitte: **172**
COOPERATIVA CERAMICA D'IMOLA, Imola: **175**
Das Bad Studio – Die Fliese, Ismaning: **94/95**, u. **203**
Demmel, Bad Aibling: M. **169**
Dornbracht, Iserlohn: **193**, M. u./u. re. **197**, li. **206**, **207**, **210**, o. li./u. re. **211**
Duravit, Hornberg: **163**, o. re. **165**, o. li./u. li. **177**, M. re. **179**, **185**, o. li. **191**, **199**, o. re. **211**, **213**, **214**
Duscholux D + S Sanitärprodukte, Schriesheim: u. **201**, **215**
Eham, Hausham: **96/97**
Euroboden, München: **110/111**
Geberit, Pfullendorf: **156**
Gerloff, Eschwege: **126/127**
Gienger, Markt-Schwaben: **98/99**, re. **202**
Glamü, Heitersheim: **100**
Hansa, Stuttgart: u. li. **189**, **196**
HEWI, Bad Arolson: **155**
HighTech, München: o. re. **189**, M. li. **197**
Hoesch, Düren: o. **203,** u. **217**
Hüppe, Bad Zwischenahn: li. **198**
I CONCI SRL, Bellocchi di Fano: o. **188**
Ideal Satndard, Bonn: u. re. **211**
Illbruck, Bad Wildungen: o. re./u. re. **200**
Keramag, Ratingen: **154**, o. re. **179**, u. **188**, o. re. **191**, o. **192**, u. **194**, o. li./u. **195**
Kermi, Plattling: u. li./M. u. **161**
Keuko, Hemer: **170**
Koralle, Vlotho: o. re. **201**
Laufen, Staudt: **162**, re. **177**
Neumayr Bäder, Ebenhausen: **104/105**
Nevobad, Fulda: **84/85**
Nitoarredamenti, Asciano: M. u. **165**
Nuevo Bad, Hallenberg: o. **180**
Obermeier Bäder, München: **169**
Picture Press, Hamburg: **13**, **38**, **43**, **58/59**, **60/61**, **88/89**, **101**, **103**, **119**, **120/121**, **122/123**, **124/125**, o. **173**, **204**, o./M./u. re. **205**
Prandina, Bassano del Grappa: u. re. **165**
Rapsel Spa, Settimo Milanese: **31**, **190**, M. **217**
Rover, Poiano: re. **174**
Schön Kliniken, Bad Aibling: **53**
Schubert GmbH, Ingolstadt: **86/87**
Schwaiger SIS, München: **48/49**
Simas Aqua Space, Civita Castellana: u. **191**, o. re. **195**
Sprinz, Grünkraut-Gullen: u. li. **165**,
Tubes Radiatori, Resana: **160**
Villeroy & Boch, Mettlach: u. **173**, u. li. **179**
Vivante, München: **46/47**
Der Völkel, München: **50/51**, **115**, **130/131**, **141**, u. **171**, **187**, M./u. re. **189**
Vola, München: li. **208**, li. **209**
Zehnder, Lahr: o./u. re. **161**
Zierath, Georgsmarienhütte: re. **164**

Architekten, Designer

Uwe Binnberg, München: **96/97**
Prof. Markus Frank, Eggstätt: **Titel**, **90/91**, **132/133**
Philip Krampitz, München: **116/117**
Susanne Lanz, München: **92/93**
rkpb, Peter Buchberger, München: **92/93**, **134/135**
Kiki Schröder Design, München: **138/139**
T. Unterlandstättner u. M. Schmöller, München: **110/111**
Alexandra Volz-Grätz, Rosenheim: **39**, **52/53**, **56/57**,**142/143**, **144/145**
Waterfront, München: **102**, **136/137**

Fotografen

Thomas Koy, Berlin: **94/95**, u. **203**
Tobias Kreissl – Spaces, München: **39**, **52/53**, **56/57**, **92/93**, **112/113**, **134/135**, **142/143**, **144/145**
Daniel Mosch, Germering: **50/51**, **115**, **130/131**
Christian Richter, Münster: **110/111**
Christine Schaum, München: **Titel**, **48/49**, **90/91**, **132/133**

Alle übrigen Fotos, Entwürfe und Zeichnungen stammen von den Autorinnen.

Herstelleradressen

Agape srl
Via Po Barna 69
I-46031 Corregio
Micheli di Bagnolo San Vito (MN)
www.agapedesign.it

Alape GmbH
Am Gräbicht 1–9
D-38644 Goslar
Tel.: +49 (0) 53 21 - 55 81 39
www.alape.com

ARDINO Badmöbel GmbH
Obere Altach 1
D-97475 Zeil am Main
Tel.: +49 (0) 95 24 - 90 60
www.ardino.de

Artè Bagno Veneta s.r.l.
Via G. Marconi 58
I-30020 Quarto d'Altino, Venezia
Tel.: +39 (0) 422 - 82 44 95
www.artebagnoveneta.com

axelmeiselicht
AML Licht + Design GmbH
Wiener Platz 7 Rgb.
D-80796 München
Tel.: +49 (0) 89 - 44 77 86 30
www.occhio.de

Axor (siehe Hansgrohe)

B.A.D. Eppendorf GmbH
Eppendorfer Baum 33
D-20249 Hamburg
Tel.: +49 (0) 40 - 4 60 48 48
www.bad-hamburg.de

Baulmann Leuchten GmbH
Selscheder Weg 24
D-59846 Sundern
Tel.: +49 (0) 29 33 - 84 70
www.baulmann.com

Bette GmbH & Co. KG
Heinrich-Bette-Str. 1
D-33129 Delbrück
Tel.: +49 (0) 52 50 - 51 10
www.bette.de

Bisazza Mosaico
Viale Milano 56
I-36041 Alte Vicenza
Tel.: +39 (0) 4 44 - 70 75 11
www.bisazza.it

Boffi SpA
Via Oberdan 70
I-20030 Lentate sul Seveso
Tel.: +39 (0) 3 62 - 53 41
www.boffi.com

COOPERATIVA CERAMICA D'IMOLA
Via Vittorio Veneto 13
I-40026 Imola (BO)
Tel.: +39 (0) 5 42 - 60 16 01
www.imolaceramica.it

Das Bad Studio – Die Fliese
Art und Design
Münchner Str. 3
D-85737 Ismaning
Tel. : +49 (0) 89 - 9 62 40 10
www.das-bad-studio.de

Demmel GmbH
Westerfeldweg 3
D-83043 Bad Aibling
Tel.: +49 (0) 80 61 - 9 08 70

Aloys F. Dornbracht GmbH & Co. KG
Armaturenfabrik
Köbbingser Mühle 6
D-58640 Iserlohn
Tel.: +49 (0) 23 71 - 43 30
www.dornbracht.de

Düker AG
Würzburger Str. 1
D-97753 Karlstadt
Tel.: +49 (0) 93 53 - 79 10
www.dueker.de

Duravit AG
Werderstr. 36
D-78132 Hornberg
Tel.: +49 (0) 78 33 - 7 00
www.duravit.de

Duscholux
D + S Santärprodukte GmbH
Industriestr. 1
D-69198 Schriesheim
Tel.: +49 (0) 62 03 - 10 20
www.duscholux.de

Eham GmbH Schreinerei
Eckart 24
D-83734 Hausham
Tel.: +49 (0) 80 26 - 97 47 39
www.eham.de

Euroboden GmbH & Co. Projekt KG
Baldestr. 5
D-80469 München
Tel.: +49 (0) 89 - 20 20 86 20
www.euroboden.de

Geberit Vertriebs GmbH
Theuerbachstr. 1
D-88630 Pfullendorf
Tel.: +49 (0) 75 52 - 9 34 01
www.geberit.de

Hermann Gerloff & Söhne
GmbH & Co. KG
Höhenweg 13
D-37269 Eschwege
Tel.: +49 (0) 56 51 - 92 77 92
www.gerloff.de

Wilhelm Gienger München KG
Fachgroßhandel für Haustechnik
Poinger Str. 4
D-85570 Markt Schwaben

Glamü GmbH
Mobilstr. 2
D-79423 Heitersheim
Tel.: +49 (0) 76 34 - 52 00
www.glamue.de

Hansa Metallwerke AG
Sigmaringerstr. 107
D-70567 Stuttgart
Tel.: +49 (0) 7 11 - 1 61 40
www.hansa.de

Hansgrohe GmbH
Auestr. 5-9
D-77761 Schiltach
Tel.: +49 (0) 78 36 - 5 10
www.hansgrohe.de

HEWI Heinrich Wilke GmbH
Frau Christina Heine
Prof.-Bier-Straße 1–5
D-34454 Bad Arolsen
Tel.: +49 (0) 56 91 - 8 20
www.hewi.de

HighTech Design Products AG
Landsberger Str. 146
D-80339 München
Tel.: +49 (0) 89 - 5 40 94 50
www.hightech.ag

Hoesch Design GmbH
Postfach 10 04 24
D-52304 Düren
Tel.: +49 (0) 24 22 - 5 40
www.hoesch.de

Hüppe GmbH & Co. KG
Industriestr. 3
D-26160 Bad Zwischenahn
Tel.: + 49 (0) 44 03 - 6 70
www.hueppe.com

I CONCI SRL
Via D. Albertario 30
I-61032 Bellocchi di Fano (PU)
Tel.: +39 (0) 7 21 - 85 51 40
www.idealmarmi-italia.it

Ideal Standard GmbH
Euskirchener Str. 80
D-53121 Bonn
Tel.: +49 (0) 2 28 - 52 10
www.idealstandard.de

Illbruck Sanitärtechnik GmbH
Illbruckstraße 1
D-34537 Bad Wildungen
Tel.: +49 (0) 56 21 - 8 10
www.illbruck-sanitaertechnik.com

Keramag Keramische Werke AG
Kreuzerkamp 11
D-40878 Ratingen
Tel.: +49 (0) 21 02 - 91 60
www.keramag.de

Kermi GmbH
Pankofen-Bahnhof 1
D-94447 Platting
Tel.: +49 (0) 99 31 - 50 10
www.kermi.de

KEUCO GmbH & Co. KG
Oesestr. 36
D-58675 Hemer
Tel.: +49 (0) 23 72 - 90 40
www.keuko.de

Koralle – Sanitärprodukte GmbH
Hollwieserstr. 45
D-32602 Vlotho
Tel.: +49 (0) 57 33 - 1 40
www.koralle.de

Laufen GmbH
Feincheswiese 17
D-56484 Staudt
Tel.: +49 (0) 26 02 - 94 93 33
www.laufen.com/de

Neumayr Bäder
Wolfratshausener Str. 60
D-82067 Ebenhausen
Tel.: +49 (0) 81 78 - 99 80 00
www.neumayr-baeder.de

Nevobad GmbH & Co Handels KG
Agnes-Huenninger-Str. 2–4
D-36941 Fulda
Tel.: +49 (0) 6 61 - 8 33 80
www.nevobad.de

Nitoarredamenti Srl
Via E. Mattei 19
I-53041 Asciano (Siena) Italia
Tel.: +39 (0) 5 77 - 71 88 99
wwwnitoarredamenti.com

Nuevo Bad GmbH
Gewerbegebiet Lehmbach
Lehmbachstraße 3
D-59969 Hallenberg
Tel.: +49 (0) 29 84 - 94 04 10
www.nuevobad.de

Obermaier Bäder München GmbH
Maximiliansplatz 10
D-80333 München
Tel.: +49 (0) 89 - 22 46 51
www.obermaier.de

Picture Press
Bild- und Textagentur GmbH
Am Baumwall 11
D-20459 Hamburg
Tel.: +49 (0) 40 - 37 03 24 88
www.picturepress.de

Prandina Srl.
Via Rambolina 29
I-36061 Bassano del Grappa
Tel.: +39 (0) 4 24 - 56 63 38

Rapsel S.p.A.
Via Volta 13
I-20019 Settimo Milanese (MI)
Tel.: +39 (0) 2 33 - 5 59 81
www.rapsel.it

Rover Spa
Strada della Giara 23
I-37030 Poiano (VR)
www.rovermarble.it

Schön Kliniken
Harthausen
D-83043 Bad Aibling

Schubert GmbH
Schrobenhausener Str. 132–133
D-85051 Ingolstadt
Tel.: +49 (0) 8 41 - 97 47 40
www.schubertdesign.de

Schwaiger SIS
Schatzbogen 38
D-81829 München
Tel.: +49 (0) 89 - 5 52 65 80
www.schwaiger.com/gs

Simas SpA
Via Falerina 105
I-01033 Civita Castellana (Viterbo)
Tel.: +39 (0) 7 61 - 51 81 61
www.simas.it

Joh. Sprinz GmbH & Co. KG
Lagerstr. 13
D-88287 Grünkraut-Gullen
Tel.: +49 (0) 7 51 - 37 90
www.sprinz.eu

Tubes Radiatori
Via Boscalto 32
I-31023 Resana
www.tubesradiatori.com

Villeroy & Boch AG
Saaruferstraße
D-66693 Mettlach
Tel.: +49 (0) 68 64 - 8 10
www.villeroy-boch.com

Vivante
Türkenstr. 28
D-80333 München
Tel: +49 (0) 89 - 30 72 62 12
www.vivante-design.com

Der Völkel
Damenstiftstr. 6
D-80331 München
Tel.: + 49 (0) 89 - 2 38 89 70
www.dervoelkel.de

Vola GmbH
Schwanthalerstr. 75 a
D-80336 München
Tel.: +49 (0) 89 - 5 99 95 90
www.vola.de

Zehnder GmbH
Almweg 34
D-77933 Lahr
Tel.: +49 (0) 78 21 - 58 60
www.zehnder-online.de

Günther Zierath GmbH
Spiegel Design
Hamburger Str. 19
D-49124 Georgsmarienhütte
Tel.: +49 (0) 54 01 - 8 68 20
www.zierath.de

Architekten, Designer

Uwe Binnberg design+architecture
München
Tel.: +49 (0) 89 - 48 08 86 30
www.binnberg.com

Peter Buchberger Raumkonzepte
München
Tel: +49 (0) 89 - 9 910 07 85
www.rkpb.de

Prof. Markus Frank MA,
Architekt/Innenarchitekt
Eggenfelden
Tel: +49 (0) 87 21 - 1 08 30
www.frankarchitekten.de

Philipp Krampitz,
Dipl. Ing. FH Innenarchitektur
München
Tel: +49 (0) 89 - 23 03 29 76
www.philippkrampitz.de

Susanne Lanz
München
Tel.: +49 (0) 89 - 99 88 78 12
www.lanz-residences.com

Kiki Schröder Design
München
Tel.: +49 (0) 89 - 90 10 94 04
www.kikischroeder-design.de

Spaces munich
Innenarchitektur + Fotografie
Boguschewski + kreiss gbr
(Bäder Spaces)
München
Tel: +49 (0) 89 - 23 07 75 58
www.spaces-munich.de

T. Unterlandstättner u. M. Schmöller
Architekten
München
Tel.: +49 (0) 89 - 48 90 02 86
www.U-S-Architekten.de

Alexandra Volz-Grätz, Dipl.Ing. FH
Innenarchitektur + HFF Scenografie
Rosenheim
Tel.: + 49 (0) 80 31 - 23 45 15
www.inprovis.de

Fotografen

Thomas Koy
Berlin
Tel.: +49 (0) 1 62 - 2 08 94 76
www.kundw.org

Tobias Kreissl – Spaces
München
Tel.: +49 (0) 89 – 23 07 75 58
www.spaces-munich.de

Daniel Mosch
Germering
Tel.: +49 (0) 89 - 80 07 64 16
dmosch@web.de

Christian Richter
Münster
Tel.: +49 (0) 2 51 - 27 74 47
chrichters@ aol.com

Christine Schaum,
Dipl. Ing. FH Innenarchitektur
photographer + journalist
München
Tel.: +49 (0) 89 - 23 03 29 77
www.christineschaum.com

Stichwortverzeichnis